France, ton vin est dans le rouge

Christophe Juarez

France, ton vin est dans le rouge

François Bourin Editeur

10, rue d'Uzès 75002 Paris

«L'image du vin doit évoluer.
Ce produit est tellement typique qu'il est devenu caricatural. [...] Si vous allez acheter un bijou place Vendôme, on ne va pas vous dire qu'il faut d'abord visiter les mines en Afrique du Sud...»

Karl Lagerfeld, *Le Figaro*, novembre 2009

INTRODUCTION

Un grand corps malade

... Qui souffre de troubles organiques ou fonctionnels

Le vin français est sous pression. De nombreux indicateurs montrent qu'il a basculé dans le rouge.

Le vin «tranquille», c'est-à-dire le vin sans les bulles célestes du champagne et autres pétillants, recule sur la plupart des marchés internationaux. Sa domination historique est détériorée par de nouveaux producteurs aux dents longues. Tous les chiffres mesurent un recul sans précédent de nos ventes à l'exportation depuis dix ans sans que cette succession de revers commerciaux soit accompagnée d'une réelle prise de conscience du danger et d'une interprétation des mises en garde répétées. Campés sur leur illustre réputation, sur leur organisation par terroir, sur la magie de quelques régions emblématiques, les vins français n'ont pas su négocier le tournant des années 2000 dans les meilleures conditions.

Le constat est semble-t-il sans appel : les ventes reculent inexorablement sur les marchés internationaux. L'attente de marchés plébiscitant «une consommation modérée, mais de qualité à un prix abordable» semble avoir pris complètement à contre-pied l'édifice viticole hexagonal. Nous avons perdu 25 % de nos volumes vendus hors de nos frontières. Nous ne sommes plus que le troisième exportateur de vin derrière l'Italie et l'Espagne qui ont beaucoup mieux résisté à la concurrence.

Savamment mis au point et consolidé par des années de travail d'orfèvre, mis en équation et figé par des normes censées le protéger, le savoir-faire français est ébranlé dans ses certitudes et bien difficile à faire bouger aujourd'hui. Des règles construites pour réguler et valoriser la réputation de la filière se révèlent être paradoxalement les plus redoutables adversaires d'une adaptation à la nouvelle donne de la consommation mondiale.

La complexité de notre production, basée sur une multitude de villages convaincus de faire le meilleur vin du monde, génère une pléthore de produits dont le décodage reste incompréhensible par le natif de la région d'Uppsala en Suède, de Hokkaïdo au Japon ou du Minnesota aux États-Unis.

L'image de qualité des produits d'origine française est sérieusement mise en doute par les variations de qualité de dizaines de milliers de sites de production. L'absence de cohérence des vins au sein d'une même famille de production plonge les clients dans un doute abyssal. Le langage des régions géographiques doit reculer face à l'envahissement du nouvel ordre sémantique mondial symbolisé par l'usage immodéré du « cépage » à l'anglo-saxonne.

Le raisonnement économique a du mal à émerger dans un monde rural dominé par la défense des acquis. Le millefeuille de législations est d'une complexité inouïe. Les méandres des organismes de tutelle croisent dans tous les sens les processus de décision.

Le droit rural entrave la libre entreprise. Les mécanismes de subvention viennent aveugler toute démarche rationnelle.

Tout cet écheveau construit pour garantir la pérennité de la filière s'est lentement refermé, tel un piège mortel condamnant la viticulture à avoir d'énormes difficultés à s'adapter au monde réel, à ses besoins et à une concurrence qui change profondément de nature.

À cela s'ajoute un cruel manque de vision globale. Au lieu de dynamiser et de stimuler l'esprit de conquête de marchés qui s'ouvrent largement à la consommation de vins, nous restons campés sur notre préférence nationale et ne voyons pas fuir des pans entiers de nouveaux adeptes du vin, attirés par des offres originales surfant sur de nouvelles envies. Insensiblement, nous luttons contre les dernières tendances du marché et renonçons à un principe de réalité qui ne cesse de nous avertir que le monde a changé, que la demande n'est pas uniquement déterminée par le prisme du terroir, qu'elle évolue au fil des générations, de son style de vie et au gré de la mondialisation.

Rester petit, est-ce faire du bon ?

Un moment, des producteurs courageux ont tenté l'aventure de l'entreprise individuelle. Quoi de plus légitime que de penser aller jusqu'au bout de la démarche, cultiver le fruit, le récolter, le transformer et le mettre en bouteilles ? Cette initiative est fréquemment rencontrée dans les bassins de production français. Qui n'a pas dans ses tablettes le « petit vigneron », le druide qui change le plomb en or, le raisin en nectar divin à vil prix ?

Si la formule a trouvé bien des débouchés sur le territoire national, la taille modeste des exploitations a bien vite rencontré ses limites dans une stratégie internationale. La complexité et la rigueur des talents nécessaires à l'exécution parfaite de toutes les étapes de l'activité ont très rapidement épuisé les meilleures bonnes volontés. Nous ne sommes plus à une époque où un seul individu pouvait maîtriser et assurer l'ensemble des connaissances exigées pour partir du pied de vigne jusqu'au verre de vin. Le métier exige compétences, technicité, équipements, normes, contrôles, relations, contacts et présence sur tous les fronts. Dans la symbolique française, le petit vigneron est auréolé de toutes les qualités, mais il voit bien vite ses ambitions planétaires s'arrêter en Belgique.

Plus grave encore, la crise des vocations de la filière viticole est criante.

Comme dans bien d'autres métiers agricoles, saisir le sécateur pour tailler la vigne ne fait pas rêver. Il faut bien du courage et ne pas être rebuté par la dureté de la tâche pour s'aventurer dans les parcelles par tous les temps. Et trouver des compétences pointues comme celles d'un conducteur de tracteur relève parfois du parcours du combattant. Qui va reprendre les exploitations familiales et oser résister à la pression de la spéculation immobilière ?

Hors de nos frontières, les places sont prises par de nouveaux acteurs aguerris, professionnels de la conquête de parts de marché entraînés à produire ce que le marché attend. Une démarche strictement inverse de la filière française où, souvent, l'on produit avant de se poser la question du débouché. Reconquérir le terrain que d'aucuns décrivent comme légitime pour la France va demander du sang et des larmes. Autrement dit, des budgets colossaux et une énergie farouche. Sans compter un indispensable esprit d'équipe sans faille.

Car le pire est à venir.

La guerre économique se gagne d'abord dans les esprits. Et, à ce stade, la domination culturelle de la France est largement battue en brèche. La passion inattendue d'un nombre incroyable d'amateurs de vin originaires de pays non producteurs se propage à une allure impressionnante partout dans le monde. Les guides du vin les plus lus sont anglo-saxons. L'esthétique des étiquettes se dessine à Londres. Des shows à grande audience, des compétitions de sommeliers, des films vantant les mérites du pinot noir et autres aventures de mangas japonais au pays du « vin des dieux » diffusent un message positif sur le vin, sur tous les continents. Les médias sont friands de l'esthétisme des paysages viticoles. Des images d'audacieux chais de production créés par des architectes à l'imagination débordante inondent les télévisions : Opus One dans la Napa Valley (États-Unis, 1984), Vergelegen à Stellenbosch (Afrique du Sud, 1992), la Cantina Petra di Suvereto (Italie, 2003), Marqués de Riscal dans la Rioja (Espagne, 2006), Clos Apalta (Chili, 2007).

Dans un silence de cathédrale, la France observe ce jeu médiatique et culturel sans oser trop y prendre part, menacée en permanence par les prévôts de lois de santé publique prônant la tolérance zéro en matière de communication sur les produits alcooliques.

La France inspire le respect. Elle cumule à elle seule le privilège de rassembler les plus beaux terroirs de la terre. Pour les uns, la vallée du Rhône est le temple, la vallée des rois. Le lieu qui cumule tous les contrastes et toutes les difficultés. Là où quelques cépages locaux expriment l'indicible. Pour d'autres, ce sont les méandres des climats bourguignons de la côte de Nuits qui façonnent les facettes insoupçonnées du pinot. Les inconditionnels du Bordelais seront intarissables sur les millésimes de quelques châteaux prestigieux ou le caractère particulier du vin de Margaux face au Pauillac.

Certes, les stars françaises dorment dans les caves les plus prestigieuses et brillent sur les cartes des vins des meilleurs restaurants. Mais qu'en est-il des autres ? Avons-nous réussi à traduire ce patrimoine national en une proposition commerciale dynamique et conquérante ? Ne sommes-nous pas en présence du même phénomène que dans le secteur de la mode ? Nous suscitons souvent l'admiration par notre capacité à produire le meilleur, mais nous ne savons pas transformer cet avantage en un atout maître pour attaquer les marchés de masse. Si nous avons construit des histoires exceptionnelles autour de marques comme Hermès ou Chanel, nous sommes en grande difficulté pour développer des empires comme Zara, H&M ou Uniqlo. Le même état des lieux vaut pour les acteurs économiques du vin. Les châteaux Haut-Brion ou Latour n'ont pas donné naissance à l'autre bout de l'industrie à des géants du vin, comme le sont l'Américain Constellation, l'Australien Foster ou le Chilien Concha y Toro qui dominent le commerce mondial.

L'art de mêler harmonieusement grands crus et modestes bouteilles reste encore à inventer en France. D'autant plus que les codes censés établir une hiérarchie de la qualité supposée des vins ont été consciencieusement gommés. Notre pays est l'un des rares à avoir promu la majorité de sa production dans le club très fermé des appellations d'origine contrôlée (AOC). En démocratisant à marche forcée le concept d'appellation, l'architecture des terroirs et la hiérarchie des crus savamment constituée se sont retrouvées déséquilibrées par une concentration des acteurs sur les créneaux les plus nobles et prestigieux. Une sorte de pyramide inversée préside aux destinées de nos terroirs et vide de sa substance un principe, un code de lecture et un ordonnancement qui avaient l'avantage de la clarté. Croyant acheter l'exception, le client non averti repart avec une bouteille estampillée AOC sans se douter un seul instant que ce label est devenu la norme générale dans de nombreuses régions de production française. Malheur aux vignerons qui croient encore que l'AOC, ou son avatar juridique européen récent (l'IGP, indication géographique protégée), pourra les sortir de l'ornière.

Reste la qualité. Le maître mot dans la filière viticole. Elle fait face à des enjeux colossaux. Après avoir investi massivement dans les moyens de production et les techniques de vinification, la filière doit renouer avec la sphère du naturel et avec le patrimoine végétal que représentent nos vignobles. La vigne est un capital collectif qu'il va falloir réapprendre à protéger. Elle ne pourra pas rester insensible aux aléas climatiques qui touchent au cœur de son système, aux maladies auxquelles elle est sensible et à son insertion dans une mécanique économique générant un revenu décent. Nos vignerons ne pourront pas éviter le principe de précaution, revoir leurs modes de fonctionnement, se forger une éthique environnementale, réduire l'usage des pesticides et valoriser leur rôle d'aménageur du territoire.

Quant au commerce, c'est l'une de nos faiblesses chroniques. Beaucoup de nos concurrents internationaux vantent notre capacité à nous auto-concurrencer. Nous passons souvent plus de temps à régler nos querelles intestines plutôt que de braver les opérateurs internationaux. Sur les trente premières affaires mondiales du secteur des vins et spiritueux, et en dehors du monde champenois, seule une poignée de sociétés françaises arrive à tenir tête aux multinationales. C'est dire si la France risque de bénéficier d'une influence minime sur la mondialisation et semble pour l'heure très mal placée pour récolter les fruits d'un commerce mondial florissant. Isolées, spécialisées, hexagonales, nos entreprises ont-elles adopté le bon modèle de développement ? Affaires aux marges faibles, dégageant peu de valeur ajoutée permettant de promouvoir fortement les produits, les *pure players*[1] du vin sont confrontés à des menaces considérables, des groupes tirant des profits bien plus élevés de leurs activités de spiritueux, de bières ou de champagnes.

Nous connaissons mal les grands vins internationaux qui font la réalité de la consommation mondiale, les Yellow Tail, les Trapiche, les Turning Leaf, les Rosemount... Et peu de Français savent que le vin français le plus vendu au monde s'appelle J.P. Chenet, dont l'allure au long cou de travers fait irrésistiblement penser à une bouteille souffrant d'un redoutable torticolis.

Signe d'un grand corps malade.

Pourquoi notre patrimoine national est-il mis en déroute ? Saurons-nous dépasser nos différences pour agir de concert et chasser en meute ? Pourrons-nous organiser l'offensive de reconquête des marchés ? Aurons-nous l'énergie de réenchanter le vin français ? Voici un questionnement cherchant à motiver les consciences et à proposer des axes de reprise en main

1. Les maisons qui se consacrent uniquement à l'activité de production, négoce et commercialisation du vin tranquille.

de la filière viticole. Au travers de « douze travaux de Bacchus », nous esquisserons les chantiers prioritaires à achever d'urgence. Car un avenir est possible, à la conjonction de nos forces et de nos faiblesses. Fait de paris, de renoncements, mais surtout d'un long apprentissage du travail collectif.

Le vin français est dans le rouge. Saura-t-il résister à l'insoutenable pression que la mondialisation provoque et savoir se réinventer ? C'est l'immense défi des dix prochaines années.

CHAPITRE 1

2003

... Phénomène caniculaire en France

2003 : pour la majorité des Français, cette année-là est synonyme de canicule. Les thermomètres s'affolent.

Dans les villes, les populations se cachent dans les entrailles des immeubles à la recherche de la moindre trace de fraîcheur. Sans grand espoir.

Dans les vignes, la nature souffre et les esprits sont inquiets. La vigne est soumise à rude épreuve. Point de salut à l'ombre des feuilles pour des baies assommées par les rayons du soleil. Toutes les normes habituelles du cycle de la vigne sont perturbées. Météo-France égrène tous les jours des nouvelles compromettantes pour la récolte. Les records absolus de température dans les régions viticoles tombent les uns après les autres : un maximum de 44,1° à Conqueyrac (Languedoc), 41,1° à Chablis, 40,7° à Bordeaux, 39,8° dans le Mâconnais, 39,3° en Champagne, 38,7° à Savigny-les-Beaune.

Règne alors dans les vignobles une forte agitation. L'alerte est donnée. Les téléphones portables sonnent le tocsin et mobilisent les équipes de culture. Pour certains, les vacances vont brutalement être écourtées car les vendanges menacent de débuter à des dates très précoces. Toute la filière va se retrouver au pied des pressoirs alors que les enfants n'ont même pas encore été acheter leurs cahiers de rentrée scolaire.

Dans l'atmosphère habituellement sereine des caves, les esprits s'échauffent car il règne une grande incertitude dans les esprits des professionnels. Les volumes de raisin ne seront pas au rendez-vous ; reste à sauver la qualité. Et là, ce sont les plus inventifs, les plus expérimentés qui vont tirer leur épingle du jeu. Sans filet, car les manuels d'œnologie ont été loin d'avoir anticipé de telles conditions dans nos régions septentrionales. Beaucoup vont souffrir et passer des nuits blanches, la tête penchée sur leurs premiers échantillons.

Sortis de cette torpeur et de toutes les vicissitudes qu'elle a entraînées, après la trépidation de la récolte et le début du long processus d'élaboration du vin, les esprits s'apaisent. Avec une certaine fierté, nous ne sommes pas loin de penser que l'un des plus incroyables millésimes du XXIe siècle dort déjà dans les caves. Une année qui fera date et marquera l'entrée dans un millénaire aux enjeux cruciaux. Les plus jeunes invoquent le réchauffement climatique d'un monde moderne devenu fou. Les plus vieux restent songeurs. L'un d'entre eux me confie avec une certaine émotion : « Mes enfants seront confrontés à d'autres millésimes aussi particuliers. Mais, pour moi, c'était le dernier. »

Et pourtant, la canicule ne devrait pas rester dans nos mémoires comme l'événement le plus important de l'année 2003 pour la filière viticole française. Certes, pour certains consommateurs, le millésime restera incompris et mystérieux, vite oublié ou passé par pertes et profits. Pour d'autres, c'est la curiosité qui prévaudra. Quel disciple de Bacchus aura-t-il réussi à sortir les tripes de cette vendange non conventionnelle ? Tel cépage aura-t-il su donner la quintessence de ses qualités sous une telle chaleur, trouver sa voie sous le feu des rayons ultraviolets ? Le chiffre 2003 ne laissera pas indifférent et suscitera encore longtemps des commentaires élogieux ou catastrophistes.

Non, c'est une statistique beaucoup plus sournoise qui va frapper les esprits des professionnels. Car, à l'autre bout de la Terre, dans l'hémisphère sud, le « Nouveau Monde » creuse l'écart. Là-bas, il y a longtemps que le soleil tape fort et que les domaines viticoles se sont adaptés à un nouvel ordre mondial. Canicule ou pas, ils tracent leur chemin. Alors que les exportations françaises déclinent, ces nouveaux acteurs progressent à pas de géant. Ils gagnent des parts de marché et bouleversent l'ordre des choses. Et en 2003, ces producteurs du Nouveau Monde ont cette fois supplanté sans équivoque la position historique des vins tranquilles français sur les marchés mondiaux. Dans la course commerciale, Australie, Nouvelle-Zélande, Chili, Argentine et Afrique du Sud marquent des points décisifs et s'imposent avec des produits accessibles, des concepts contemporains et une agressivité commerciale. Des mots nouveaux dans le langage policé des domaines viticoles. Presque inconvenants. Des produits que les consommateurs semblent plébisciter. Le constat est sans appel : le monde a définitivement basculé en faveur des vins étrangers lors de cette fameuse année de canicule.

La vitesse de croissance des échanges mondiaux montre une accélération inexorable des jeunes pousses du Nouveau Monde et un essoufflement dramatique des exportations françaises. Elle est particulièrement spectaculaire en Grande-Bretagne sur période longue.

Tableau 1

Progression des importations de vins en Grande-Bretagne, de 1995 à 2008

PAYS D'ORIGINE DE PRODUCTION	POURCENTAGE DE CROISSANCE EN VOLUMES
Chili	+ 629 %
Australie	+ 385 %
États-Unis	+ 371 %
Espagne	+ 8,5 %
Italie	– 4,0 %
France	– 4,5 %
Total marché	+ 50 %

Source : Les Échos, *15 avril 2010.*

Un triste destin que des esprits malins auraient pu anticiper lors de la lecture des résultats de la célèbre dégustation dite du « Jugement de Paris[2] », cette célèbre compétition homérique qu'un Anglais inspiré avait osé organiser entre des vins français et califor-

2. Le « Jugement de Paris » de 1976 organisé par Steven Spurrier et Patricia Gallagher récompensa des vins californiens introuvables en France et qui surclassèrent les grands crus. Pour mémoire, en blancs, un château Montelena 1973 face à un meursault Charmes 1973 ; en rouges, un Stag's Leap Wine Cellars 1973 face à un Mouton Rothschild 1970.

niens dès l'année 1976. Un tremblement de terre avait alors secoué le paysage viticole français car des concurrents américains avaient osé battre les meilleurs vins français. Mais, à l'époque, la profession avait préféré discréditer le concours au lieu de lire froidement le constat comme une alerte très sérieuse.

Pourtant, le signe d'un réalignement de l'échiquier mondial était patent. Les transferts de technologie allaient bon train. Une nouvelle génération d'œnologues avait soif de multiplier les expériences de vinification. Ne voulant plus être prisonniers d'un terroir, d'une saison, d'un vignoble, ces nouveaux professionnels ont donné naissance à une armée de *flying winemakers*[3], passant d'un hémisphère à l'autre pour confronter leur art à d'autres cépages et conditions locales.

De nouvelles clientèles aux attentes plus simples allaient émerger et accueillir favorablement une lecture différente du vin, désacralisée, conviviale, unifiée autour d'une grille de lecture anglo-saxonne simple et pragmatique : le cépage.

La révolution était en marche.

L'esprit critique français va alors tout faire pour tenter de convaincre le monde entier qu'il avait tort de s'engager dans cette voie.

Bien mal lui en a pris. Une génération après le « Jugement de Paris », le vin du Nouveau Monde est en passe de dominer le marché mondial...

3. Les « œnologues volants », toujours prêts à sauter dans un avion pour assurer vendanges et vinifications quelque part dans le monde.

CHAPITRE 2

Le chaos

... Vide ou grande confusion
existant avant la création

Contrariant les volontés hexagonales, le monde du vin a été confronté à des transformations profondes et brutales, provoquant une immense confusion des esprits. En moins d'une génération, les valeurs intangibles qui régissaient les marchés ont été prises en défaut les unes après les autres. Après avoir dominé le monde et bénéficié d'une aura sans équivalent, l'origine française s'est vue menacée de tous côtés par une nouvelle conception du vin et de nouveaux modes de consommation, mais aussi par sa propre complexité et par sa religion du terroir.

L'émergence d'une nouvelle génération de vins

Le premier facteur de chaos a consisté en l'apparition progressive d'autres schémas de développement du vin, que des zones de production concurrentes vont promouvoir avec force dans le monde entier. Après des siècles de domination sans partage des vignobles français, de nouveaux produits vont surgir de toutes parts et bousculer une hiérarchie établie de longue date.

Une véritable révolution des esprits va bouleverser le secteur en l'espace de quelques décennies. Les producteurs de vins vont oser venir provoquer les Français dans leur pré carré viticole et s'affranchir de leurs appréhensions.

Deux facteurs vont ainsi se cumuler et enfermer l'Hexagone dans ses contradictions : les appétits de conquête des pays émergents et le sursaut de fierté de nos voisins latins.

Les appétits des pays émergents

Le facteur déclencheur d'une grande confusion réside principalement en un formidable bras de fer entre l'Ancien Monde et le Nouveau Monde. La fin du XXe siècle est bien le théâtre d'un affrontement fratricide entre deux écoles du vin.

L'Ancien Monde, ce sont les producteurs historiques et le Bassin méditerranéen en particulier. Une longue tradition qui remonte à l'Empire romain et qui s'étend de la Géorgie au Portugal. Et qui donne les crus exceptionnels de la Hongrie, de l'Allemagne, de l'Italie, de l'Espagne et de la France.

Le Nouveau Monde, ce sont les territoires plus récents, souvent créés à l'initiative d'Européens. Ils sont situés pour la plupart dans l'hémisphère Sud (Australie, Nouvelle-Zélande, Argentine, Chili, Afrique du Sud...) et en Amérique du Nord (Californie principalement).

Sans réputation clairement établie, ni légitimité affirmée, ni historique bien déterminé, le Nouveau Monde a senti le besoin d'inventer sa propre logique de marché et de réenchanter le vin issu de régions sans grand patrimoine viticole institutionnel reconnu. Pour ce faire, il va faire la synthèse des meilleures techniques disponibles, planter des parcelles en fond de vallée plutôt que sur les coteaux, utiliser les techniques agricoles des exploitations fruitières, choisir des cépages qui ont prouvé leur popularité (du chardonnay plutôt qu'un obscur cépage indigène), réduire au maximum l'aléa de la météorologie et les temps d'intervention (des vignes à développement précoce ou tardif, de l'espace entre les rangs de vigne pour mécaniser les tâches, de l'irrigation au goutte à goutte...), investir dans de vastes chais truffés de haute technologie, concentrer les investissements de production dans des unités de grande taille (quitte à transporter des vendanges par train réfrigéré en Australie par exemple), formater le vieillissement en fûts de chêne (ou copeaux de bois pour les vins les moins nobles...) et concevoir une présentation des vins compréhensible partout dans le monde (usage du nom de cépage, des marques, d'étiquettes au graphisme recherché...).

En agissant de la sorte, ces nouveaux acteurs vont bousculer les certitudes des vins de l'Ancien Monde en instituant de nouvelles habitudes. En s'appropriant le terme porteur de « nouveau », ils vont démoder le « vieux » monde en employant des processus bien plus performants que ceux de l'Europe.

Mais ils vont surtout apporter deux ingrédients essentiels à leur succès :

– adopter la codification des vins par cépages qui offre l'avantage de donner une information sans ambiguïté sur le style du produit et d'être compréhensible partout dans le monde ;

– chercher à gommer l'effet millésime en ayant pour objectif d'obtenir un produit constant et régulier.

Le sursaut de fierté des pays latins

Le deuxième facteur de chaos va naître en plein cœur de la vieille Europe. Et prouver que le système de pensée dominant pouvait aussi être remis en cause de l'intérieur, par ceux-là mêmes qui l'avait imaginé. D'abord en Italie, puis en Espagne.

En Italie, dans une Toscane aux traditions bien ancrées et aux paysages sortis tout droit de tableaux Renaissance du Quattrocento, quelques domaines apporteront leur contribution à l'écriture de nouvelles pages à la gloire de leur région. Contraint par des règlements de production locale et des bouteilles arrondies recouvertes d'un tressage d'osier, le chianti est à cette époque au plus bas dans l'échelle des valeurs. Certains grands propriétaires locaux vont alors se rebeller contre le modèle dominant visant à promouvoir de gros volumes à bas prix. Ils vont briser les tabous, sortir du cadre institutionnel pour mieux réinventer le génie d'une région.

La maison Antinori est célèbre pour avoir contribué significativement à cette démarche. Les années 1960-1970 se révéleront déterminantes pour cette vénérable institution créée au XIVe siècle. En quelques décisions symboliques, elle va faire voler en éclats un système moyenâgeux. Au lieu de mélanger les raisins issus des vendanges, elle sépare et trie chaque parcelle pour en connaître et maîtriser les qualités. Elle bouleverse les anciennes pratiques des chais en contrôlant les températures de fermentation pour mieux domestiquer la transformation du sucre en alcool. Elle introduit le vieillissement en petits fûts de chêne pour isoler plus facilement les meilleurs échantillons de vin. Elle recherche une meilleure qualité des rendements de la vigne et replante là où la qualité du matériel végétal est trop mauvaise. Surtout, ultime provocation, elle ose planter face au cépage local (le sangiovese, la référence absolue dans la région) des vignes typiquement bordelaises de cabernet et de merlot.

En conséquence, elle sort de la réglementation et perd son appellation. Du coup, elle fait d'un inconvénient son principal atout. Elle se dote de nouveaux moyens, part conquérir les marchés lointains et abandonne la dégradante bouteille ventrue du chianti. Elle prend le contre-pied esthétique, affine la silhouette de ses flacons en prenant un look bordelais et dessine des étiquettes élégantes, fières et droites comme un I.

Résultat : les marchés applaudissent et les critiques approuvent cette innovation en donnant un nom à cette nouvelle race de vins, les « Super Toscans ». Des vins hors normes qui vont en quelques années transfigurer la réputation de toute la région. Ils s'appelleront Tignanello ou Solaia pour les productions d'Antinori, creusant un sillon initié par le célèbre Sassicaia du marquis della Rochetta, et bien d'autres qui les rejoindront au panthéon des meilleurs vins italiens : Ornellaia, Masseto, Casalferro, Lamaione, et bien d'autres.

Mais, autour de la Méditerranée, ils ne sont pas les seuls à repenser le vin. En Espagne, un homme va aussi bouleverser les codes et entraîner toute une filière vers de nouveaux sommets. C'est Miguel Torres. Non seulement il va démontrer que son pays est capable de produire des vins d'exception, mais il va aussi promouvoir le concept de marque à grande échelle.

Dans les années 1960, l'affaire Torres est déjà reconnue pour une production de masse à forte notoriété comme le Sangre de Toro ou le Viña Sol. Mais un vent nouveau souffle en Catalogne, une envie de modernité pointe lorsque le jeune Miguel Torres rentre de la faculté de Dijon. Là encore, les chais et les domaines viticoles de cette maison vont être métamorphosés par sa vision différente et contemporaine du vin. Comme en Italie, il va s'affranchir des dogmes et planter les cépages qui lui semblent adaptés à des vins beaucoup plus expressifs. Il va ainsi redonner du lustre à des régions viticoles dominées par le tempranillo, un cépage rustique habitué aux climats rigoureux du nord de l'Espagne. Il va introduire des tables de tri pour éliminer les fruits abîmés et toutes autres particules végétales. Il va cesser d'épuiser des vins enfermés dans du bois pendant des années, installer des cuves en acier inoxydable afin de contrôler les fermentations et d'épurer son style de vin.

Issu de générations de vignerons catalans, il veut diversifier le vignoble régional et relancer des régions oubliées comme le Penedés, des zones influencées par la proximité de la mer. Il décide de planter des cépages internationaux, d'en faire des vins haut de gamme. L'un de ses vins 100 % cabernet sauvignon va faire sensation aux Olympiades du vin Gault et Millau 1979 : il présente tout simplement un millésime 1970 du Mas La Plana qui va battre deux mythes français, Haut-Brion et Latour.

Ce travail hors normes rejaillira sur toute une génération de jeunes œnologues. Il jette les prémisses d'une sortie par le haut de l'Espagne, libérée de sa léthargie et embrassant les nouvelles technologies à bras-le-corps. Naîtra toute une génération de noms prometteurs qui vont dynamiser le paysage de Cervantes, ouvrir la voie à des vins comme L'Ermita d'Alvaro Palacios, ceux originaires du Pago de los Capellanes ou encore du Dominio de Pingus, faire renaître de leurs cendres des noms prestigieux comme Marqués de Murrieta ou Vega Sicilia.

Mais là où Miguel Torres va faire la différence, c'est en transformant sa notoriété et la pertinence de ses convictions en un nom de marque. Il va pousser le monde du vin à cesser d'être un territoire codé, un lieu géographique limité, un monde d'*aficionados*[4]. Et il choisit d'apposer son nom éponyme comme un signe de reconnaissance, un engagement de qualité sur tous les domaines qu'il exploite.

Car la marque est une signature qui prend de plus en plus d'importance dans la société de consommation. Même dans le vin. Elle est un fantastique facilitateur, un phare au milieu de l'offre pléthorique, un repère ô combien utile dans la jungle des appellations. Comme l'on reconnaît l'auteur d'un roman, une marque de vins concentre de multiples informations résumant la patte de son auteur, le caractère de ses vins, ses choix en matière d'intensité aromatique, la complexité ou la générosité de son goût boisé, le vieillissement méticuleux en petites barriques et l'art de l'assemblage. Miguel Torres, à la fois présent dans de nombreuses régions viticoles espagnoles et hors de ses frontières naturelles, au Chili et aux États-Unis, a osé lier toutes ses productions autour de son nom et signer aussi bien ses vins les plus sophistiqués que les plus populaires du nom de sa société. Ainsi, la marque Torres est devenue synonyme de référence créatrice de vins originaux et de qualité.

Les Français vont observer ces étonnantes prises de risque sans sourciller et sans entrevoir qu'une

4. *Aficionados* : terme espagnol pour désigner ceux qui savent et qui sont passionnés (traduction de l'auteur).

brèche était en train de dangereusement menacer l'édifice sur lequel reposait leur supériorité stratégique. Ils vont alors progressivement perdre leurs parts de marché, conquises par des pays lointains mettant en place une machine de guerre apte à mettre sur le marché des produits au prix et au goût du jour. Face à des remises en cause drastiques menées courageusement par les pays voisins et à la refonte de réglementations que d'aucuns juraient immuables, ils n'ont pas su assez vite sortir résolument de leur isolement et dresser l'esquisse d'une stratégie de sortie de crise.

Un nouveau système de pensée dominant a insensiblement pris le pouvoir.

La consommation de vin a changé de nature

Partout dans le monde, la popularité du vin progresse. Surtout dans les pays non producteurs.

Autrefois cantonnée à une diffusion confidentielle, aux repas festifs et aux réunions familiales, la consommation de vin change de statut hors de l'Hexagone. Sur les cinq continents, le vin se propage comme une boisson aux qualités sociales reconnues, un geste élégant et raffiné consommé avec modération. Les nouveaux convertis en parlent avec passion, sont intarissables sur les vertus de tel cépage, de telle année. Ils sont étonnamment jeunes et ont un savoir assez développé sur la question. Habitués à étudier aux quatre coins de la planète, ils sont incollables sur les questions de géographie viticole. Ils ne boudent pas leur plaisir en vous racontant la visite de tel ou tel domaine perdu au fin fond d'une rase campagne. Le vin est entré sans bruit dans les mœurs de quantité de régions n'ayant que peu de culture historique de la vigne, de production locale ou de tradition viticole. La consommation moyenne annuelle progresse avec modération : 30 litres au Danemark, 18 litres au Royaume-Uni, 15 litres en Suède, 14 litres en Irlande, 13 litres en Norvège, 11 litres au Canada... Lentement, le vin convertit et assure des transferts de consommation depuis les alcools distillés, la bière, les prémix et autres boissons infusées contenant de l'alcool...

Si ces chiffres restent très inférieurs à ceux des pays historiquement producteurs, ils prennent leur source dans des comportements qui nous surprennent. Car le vin devient populaire en suivant des voies inédites. De fait, les attentes sont nouvelles et on ne peut plus simples : les nouveaux consommateurs veulent un vin facile à choisir, un vin plaisant à boire tout de suite et un goût identifiable et régulier. Mieux encore, ils souhaitent déstructurer les occasions de consommation, sortir du ghetto des repas et s'éloigner des modes de consommation de leurs aînés. Ils désirent accéder à une consommation décomplexée, hors des sentiers battus et à l'image d'une génération qui zappe d'une boisson à une autre.

Il est frappant de constater que l'éveil au vin ne passe plus seulement par une transmission générationnelle. Il y a même rupture du lien culturel et de l'apprentissage assuré par les ancêtres. Accéder au vin se fait donc face au produit, à la description qui en est donnée sur une carte des vins, à son prix, à son identité, aux notes de dégustation et à son apparence ou au conseil. Pas au travers de l'éducation. C'est un changement considérable. La pertinence du produit doit assurer seule le déclenchement de l'achat... Cela change la nature de la demande et rajeunit considérablement le produit. Ce qui est très positif, même si ce statut nouveau le situe au niveau, mais aussi en concurrence avec d'autres boissons au processus bien plus industrialisé : sodas, bières, spiritueux...

En France, nous revenons de loin ! En quelques décennies, la moyenne de consommation annuelle a chuté de 120 à 55 litres par habitant... Une véritable révolution, à l'image des changements démographiques du pays. L'économie viticole qui avait construit son modèle de développement sur une logique de « volumes » au milieu du XXe siècle en est complètement ébranlée depuis trente ans. Toute une génération de vignerons a abusé des méthodes de production de masse, travaillé de forts rendements et des taux d'alcool élevés. Les exploitations mises en ordre de bataille pour répondre à la poussée de la demande et assouvir la soif des générations qui ont bâti les Trente Glorieuses sont déstabilisées. Certains imaginaient pouvoir exporter ce modèle vers d'autres pays et envahir le monde entier avec de célèbres bouteilles affublées d'étoiles dignes de généraux d'armée[5]...

L'avenir plein de promesses va laisser rapidement place au désenchantement. Avec les années 1970-1980 et son cortège de remises en cause du modèle consumériste, un nouveau credo va prendre à contre-pied le monde viticole. La population active change de nature : la campagne se vide de sa main-d'œuvre, l'industrie fait place à l'automatisation, le bâtiment termine la reconstruction du pays. Le travail manuel perd de son intensité. Il n'est plus question de boire autant de vin, aussi souvent et sans discernement.

---

5. Kiravi, Préfontaines, Gévéor et autres célébrités des années 1950.

La nouvelle philosophie consumériste se résume en ces termes : « boire moins, mais mieux ».

Nous sommes en 1980. Suite à de multiples initiatives individuelles de directeurs passionnés de vin, l'enseigne des hypermarchés Leclerc décide de lancer les Foires aux Vins à l'échelle nationale, marquant sans le savoir un tournant historique dans l'inconscient collectif. Des noms de châteaux prestigieux viennent tenter les acheteurs et certains négociants descendent de leur piédestal. C'est le luxe à portée de caddie. La réussite sera à la hauteur des attentes de classes moyennes et supérieures voulant boire rarement, mais de bons produits. L'image du secteur va s'en trouver définitivement modernisée et accessible. Les actifs des jeunes générations accèdent au vin sans avoir besoin de se rendre chez le caviste, voient ces bouteilles alignées dans leurs caisses en bois et deviennent curieux, veulent en savoir plus et s'instruisent pour parfaire leur connaissance. Les adultes espacent leur consommation mais continuent à remplir leur cave pour des moments festifs et conviviaux. Et puis, l'homme se voit dépossédé d'un domaine qui restait sa chasse gardée. Le lieu d'achat se banalise, le linéaire de supermarché est enfin reconnu comme lieu crédible de choix. Y entrent en scène les femmes qui deviennent un acteur clef de l'acte d'achat d'une bouteille de vin. En accédant à ce pouvoir de décision au quotidien, en participant à leur sélection, en partageant l'appréciation de leurs vertus, les femmes vont intervenir massivement dans le choix des vins (dans 71 % des décisions d'achat de vins selon une enquête Ipsos[6]). Une nouvelle cible de clientèle fémi-

6. Étude Ipsos 2007.

nine apparaît, beaucoup plus sensible aux qualités intrinsèques du produit qu'à son statut. Une base de clientèle qu'il va falloir séduire et éduquer. Et que les vignerons avaient quelque peu ignorée jusque-là.

Certains secteurs d'activités pourraient s'en frotter les mains : qui n'a jamais rêvé de piloter un marché qui plébisciterait spontanément une « création de valeur » ? Une montée en gamme venue dynamiser le marché. Des consommateurs plus exigeants acceptant de payer le prix de la qualité.

C'est mal connaître le milieu du vin. Contre toute attente, ce fut une catastrophe pour la filière. Pris à revers par cette nouvelle nature de consommateur, les producteurs français n'ont pas négocié ce tournant crucial avec détermination et constance. Trop peu de nouvelles propositions ont vu le jour pour aligner la production avec ces nouvelles attentes. Nous répétons encore trop souvent des schémas anciens, des étiquettes qui sentent bon le terroir, des explications trop succinctes au dos des bouteilles. Abandonnés sur leur linéaire, emprunt d'un peu de nostalgie, nos vins n'ont pas fière allure sur les rayons des enseignes internationales. Face au Nouveau Monde qui aligne des produits à succès à tous les niveaux de prix, nous ne faisons pas le poids. Ils ont depuis longtemps tourné le dos à notre héritage et ne s'embarrassent que d'une grande simplicité : un nom évocateur, une étiquette simple, un cépage millésimé, une région à forte notoriété.

Coopérateurs et négociants s'acharnent à regagner le terrain perdu. Mais que c'est difficile ! Et que de temps perdu sur des marchés qui n'attendent pas !

L'offre du vin français exprime un abîme de complexité

Fondamentalement, vouloir acheter un vin français vous confronte à un terrain semé d'embûches. Le moins que l'on puisse affirmer est que la tâche n'est pas aisée. Si vous n'êtes pas féru de géographie ou amateur averti, le parcours risque d'être compliqué. Et pour tous les clients lointains sachant vaguement distinguer mer Baltique et mer Adriatique, nous représentons un monde opaque et bien difficile à déchiffrer.

Quelques explications peuvent donner le tournis au lecteur, mais elles sont indispensables pour comprendre. Comprendre l'essence de la complexité de la filière. Et comprendre comment notre esprit franchouillard va transformer un acte *a priori* assez ludique, « acheter une bonne bouteille », en un parcours du combattant. L'acte d'achat va potentiellement vite se transformer en une épreuve anxiogène, alimentée par une question qui taraude l'esprit : « comment ne pas me tromper ? »

Pour tenter de faire simple, l'offre des vins français est découpée globalement en trois grandes classes de produits qui forment l'ossature de toute la filière nationale.

Première catégorie : les vins d'appellation d'origine contrôlée ou AOC

Pour être classé en tant que région productrice de vins d'AOC, il faut reconnaître trois faits incontestables :

– l'existence d'un produit dont la qualité et les caractéristiques sont liées à une origine géographique ;

– un nom jouissant d'une notoriété établie ;

– le tout constituant un patrimoine collectif régi par un cahier des charges.

En fait, pour traduire sur le terrain ces grands principes, il a fallu concevoir de nombreux niveaux de détail. Imaginez le principe des poupées russes : chaque poupée représente l'un des grands bassins de production viticole, tels le Bordelais, la Bourgogne, la Provence, le Rhône, la Loire... Puis, à l'intérieur de chacune de ces poupées, vous retrouvez des crus spécifiques isolant quelques terroirs remarquables : les premiers grands crus de Bordeaux, les différents villages de la Côte-d'Or, et puis Sancerre, Saint-Joseph, Bandol... Et enfin, au cœur de la poupée, quelques parcelles ou terroirs d'excellence s'étendant sur quelques hectares et qui confinent au sublime... Echézeaux, La Chapelle, La Tâche...

Ainsi s'emboîtent de grands territoires de production qui structurent l'ensemble de terres à vignes et à l'intérieur desquels s'expriment différents lieux de production d'exception.

Ainsi, comme nous sommes le pays des 300 fromages, nous pouvons nous enorgueillir d'être le pays aux 450 vins d'appellation d'origine différentes. Autant de terroirs qui revendiquent haut et fort leur originalité et surtout, leur inscription à l'Olympe du classement des Immortels du vin. Mais quelle que soit leur performance, ces listes de régions échafaudent un maquis indescriptible de noms qui effraient n'importe quel individu, même natif de France.

Sans compter qu'à partir de l'année 2010, l'Europe est venue à notre secours. Une nouvelle réglementation communautaire a vu le jour, entraînant la naissance d'un nouveau cadre juridique défendu au niveau mondial et le lancement d'un logo auquel il faudra s'habituer, qui reprend les grands principes de l'appellation d'origine contrôlée : l'appellation d'origine protégée (ou AOP)[7].

Deuxième catégorie : les vins de pays (VDP)

Il est nécessaire de compléter ce paysage déjà complexe d'un deuxième niveau de production : les vins de pays. Il a été créé pour aménager un espace pour des productions à forts volumes et revendiquant un esprit qualitatif, un ancrage régional et une concertation entre opérateurs locaux. Jusqu'à présent, les vins de pays se définissent comme un système souple de définition d'aires géographiques homogènes réunies autour de zones de production. La plus importante se situe en Languedoc-Roussillon autour du concept de « Vins de pays d'Oc ». Cet espace de production a bénéficié aux producteurs souhaitant sortir par le haut d'un système historiquement attaché à des considérations de volumes. Il permet plus de liberté dans les assemblages de cépages différents. Il laisse plus d'autonomie à l'œnologue pour accroître la typicité commerciale, travailler un style aromatique affirmé et une structure harmonieuse. Surtout, il a permis le développement d'une offre de vins adoptant les codes internationaux : des cépages, des noms de produit échappant à la géographie des terroirs, des assemblages construits pour répondre à la demande des marchés.

---

7. Afin de ne pas ajouter à la complexité, nous avons volontairement passé sous silence le cas des AO-VDQS (appellation d'origine de vins délimités de qualité supérieure), une sous-catégorie des appellations qui vont disparaître avec l'adoption des nouvelles AOP.

Au total, plus de cent cinquante régions différentes sont régies par ce mécanisme.

Par contre, ces vins ne peuvent jamais porter ombrage ou tenter de confondre les consommateurs. Sont donc prohibés pour ces vins les termes « château » ou « clos ».

Cette catégorie va progressivement basculer dans le système adopté par la Communauté européenne. Une nouvelle indication géographique protégée (IGP) va aider à consolider et simplifier l'organisation de cet étage. Il semble se profiler un certain nombre de simplifications souhaitables et significatives.

Un grand bassin de production des pays de Loire est en gestation, sous le nom de « Val-de-Loire ». Dans le Sud-Est, il est question de mettre en place une indication « Méditerranée ». Le Languedoc milite depuis longtemps pour imposer sa marque « Sud de France ».

Ce nouveau système semble avoir conquis les esprits et devrait se mettre en place très rapidement. Il faut se préparer à réapprendre nos classiques et voir de nouvelles étiquettes apparaître dans les prochains mois.

Troisième catégorie :
les vins de table (VDT) ou « Vins de France »

Ici règnent en maîtres les vins à fort rendement qui ont longtemps été identifiés dans le passé comme des vins de table. Comme pour les deux catégories précédentes, la mention « Vins de France » va s'imposer au niveau européen et clarifier l'offre. Ces vins peuvent indiquer le cépage et le millésime, mais ne peuvent pas mentionner une provenance régionale particulière. Seule la provenance « nationale » est garantie. Une grande liberté est laissée en matière d'assemblage, de rendements et de vinification pour obtenir un résultat régulier et une saveur harmonieuse pour des vins dont les raisins sont issus de vignes plantées en France. Charge ensuite aux sociétés qui vendent ce vin de lui trouver un nom de produit qui frappe et retient l'attention du consommateur (Cambras, Vieux Papes, Brise de France...).

Après de longues années de bataille autour du concept de vin de table, la France se débarrasse d'un terme un peu encombrant. Utiliser ce terme pour des vins de qualité inférieure pouvait plonger vos interlocuteurs dans une certaine incompréhension. Aux États-Unis, par exemple, pays où la prohibition a laissé quelques traces, le terme de «vin de table» est en usage depuis très longtemps, pour différencier les vins tranquilles des champagnes et autres vins effervescents, des vins de glace et des fortifiés. Il était assez difficile de faire comprendre que les meilleurs vins californiens étaient décrits comme des *Table Wine* et que l'Europe utilisait ce même mot pour décrire ses vins les plus simples produits en masse.

À ces trois étages de complexité administrative, vous devez ensuite ajouter la main de l'homme. C'est-à-dire environ 40000 embouteilleurs recevant des raisins de 155000 exploitations différentes, issus de 450 AOC, de 150 VDP et de multiples VDT. Vous aurez à la fin bien du mal à retrouver l'origine du pied de vigne qui est dans votre verre. Et à vous frayer un chemin dans le maquis des désignations de produit.

Car la hiérarchie de toutes ces zones viticoles finit par embrouiller les esprits. Voulant construire une sorte de «nouvelle France» viticole, les vins de pays ont malgré tout cumulé beaucoup de contraintes. Jusqu'à une période récente, il était interdit de boiser les vins avec des copeaux, d'assembler les millésimes, d'irriguer les parcelles, de choisir le type de cépage... Finalement, la différence avec les vins des AOC a fini par être très ténue. Autrement dit, l'avantage concurrentiel était très difficile à exploiter pour cette nouvelle catégorie.

Le système a même provoqué bon nombre de confusions. Tous les codes utiles pour le client cohabitent dans un gigantesque capharnaüm. Il y a des entrées de gamme listées dans les enseignes de la grande distribution, les marques de produit, les marques de producteur, les châteaux, les domaines, les négociants, les marques créées par les chaînes d'hypermarchés. Les AOC en mal de débouchés ont cédé aux sirènes des marchés, compte tenu de l'intérêt et du potentiel des premiers prix. Ce qui aboutit à l'existence de VDP trois ou quatre fois plus chers et bien plus sophistiqués que de nombreuses AOC bradées aux alentours de trois euros.

Mais quelle différence y a-t-il entre deux vins de marque connue, l'un en AOC Bordeaux et l'autre en vin de pays d'Oc, si l'on se place strictement du côté du consommateur ? Et que se passe-t-il au moment d'opérer un choix ? Imaginons nos clients face à l'étiquetage de ces deux vins. Ils sont vraiment perdus face à une débauche de concepts, de signes et de sens. Car se télescopent plusieurs idées dans l'offre actuelle des vins français : gérer des marques comme la cuvée Roche Mazet et/ou gérer des régions (le Languedoc) et/ou gérer des terroirs (le Minervois)... Et l'on sent bien, intuitivement, que l'arbitrage entre ces mondes est difficile. La tentation est grande de créer une marque, mais l'on souhaite tout de même bénéficier de la notoriété de la région et puis, n'étant pas à court d'arguments, l'estampille AOC justifie un certain prix de vente. Donc, autant en profiter... Trois couches pour mieux compliquer l'offre.

Ceux qui se croient à l'abri à l'étage des privilégiés de l'AOC devraient quand même se méfier. Elle n'est pas le remède miracle. Certes, nos régions profitent d'une réputation et d'une très forte notoriété. Mais cela concerne une infime minorité de noms qui peuvent prétendre jouer un rôle significatif et gagner sur les marchés internationaux. Une étude anglo-saxonne (voir tableau 2) montre sans surprise que, parmi les régions de production les plus connues au monde, n'apparaissent que six noms français : Bordeaux, Bourgogne, Champagne, Chablis, Côtes-du-Rhône et Beaujolais[8]. Et que viennent ensuite, avec des disparités très importantes suivant les pays, d'autres régions de production comme l'Alsace, la Loire, le Languedoc et la Provence.

---

8. Enquête Vinitrac faite par Wine Intelligence auprès d'Américains et de Britanniques consommateurs de vins.

Tableau 2
Notoriété assistée des régions viticoles*

ÉTATS-UNIS		GRANDE-BRETAGNE	
Taille d'échantillon 2069		*Taille d'échantillon 1002*	
Napa Valley	95 %	Bordeaux	94 %
Bordeaux	80 %	Champagne	93 %
Champagne	75 %	« Burgundy »	90 %
« Burgundy »	73 %	Chablis	83 %
Chablis	69 %	Chianti	81 %
Chianti	67 %	Côtes-du-Rhône	78 %
Beaujolais	50 %	Beaujolais	76 %
Provence	43 %	Cava	74 %
Alsace	32 %	Rioja	74 %
Bourgogne	32 %	Provence	73 %
Côtes-du-Rhône	31 %	Napa Valley	69 %
Loire	29 %	Loire	66 %
Rioja	25 %	Alsace	52 %
Cava	17 %	Bourgogne	49 %
Prosecco	17 %	Languedoc	44 %
Languedoc	13 %	Barossa Valley	38 %
Marlborough	12 %	Prosecco	33 %
Barossa Valley	10 %	Marlborough	27 %

Source : Wine Intelligence Vinitrac, mars 2009.

* Pourcentage de la population interrogée déclarant connaître une région après consultation d'une liste de terroirs.

En dehors de ces très grosses locomotives, le degré de notoriété devient imperceptible et souffre de la comparaison avec d'autres pays producteurs qui se placent devant nos appellations. Il faut prendre conscience que nos meilleurs champions nationaux sont souvent moins connus que la Napa Valley (États-Unis), la Barossa Valley (Australie) ou la région de Marlborough (Nouvelle-Zélande). Nos quelques grands arbres ne doivent pas cacher la forêt des AOC perdues dans l'anonymat de la mondialisation. Et leur immense difficulté à émerger dans ce paysage aux reliefs multiples et variés.

Le terroir comme reflet du regard de l'homme

Le terroir. En son nom, que d'affirmations péremptoires n'ont pas été prononcées, de vérités assenées, de justifications alambiquées, pour souvent et désespérément ne rien changer? Comment un atout dans le jeu des producteurs français a-t-il pu se transformer en difficulté?

A priori, le terroir a toutes les vertus de la clarté: une histoire, des contours, un climat, un sol et des vignes dont le profil génétique (le cépage) a fait l'objet d'une sélection naturelle au fil des siècles.

Le problème réside dans l'étendue de son application. Sous la pression des lobbys régionaux, cette notion a été fortement démocratisée au fil des années. Revendiquant haut et fort leur particularisme local, bien des terres à vignes ont légitimement voulu profiter de la manne du terroir et de son expression la plus noble: l'AOC.

Dans une vaste pirouette intellectuelle, certains esprits se sont progressivement habitués à considérer le terroir comme une variable intangible et ancrée dans le paysage rural. Dans une vision rousseauiste de la nature, l'état sauvage et primitif de nos campagnes recèlerait des qualités préexistantes à l'action de l'homme. La vigne serait donc apparue, aurait survécu et prospéré sur des lieux prédéterminés par la nature et que l'homme a simplement mis en équation et exploités. L'homme est ici dans son rôle d'exploitant, de cueilleur et de conservateur d'une nature reçue en héritage. Qu'il cultive et qu'il va transmettre intacte à sa descendance.

Protecteur et diffuseur d'un patrimoine viticole inespéré, ce cadre a fait école dans de nombreux pays de l'Ancien et du Nouveau Monde. La France est devenue le mètre-étalon du terroir. La Belle Époque a fait pousser des ailes au rayonnement français. Dès les années 1930, les tables de la loi ont commencé à être écrites pour le vin, mais aussi pour d'autres catégories de produits alimentaires comme le fromage, les légumes, la viande, le miel, les œufs. Et de nombreux pays sont venus s'inspirer de notre expérience hexagonale pour tenter d'appliquer la même logique ailleurs : Espagne, Afrique du Sud, Géorgie, Roumanie…

De fait, l'abondante somme d'études et de recherches sur les racines du terroir, l'analyse approfondie des sols et de l'interaction entre le milieu minéral et végétal témoignent d'un cumul de savoir-faire dont la France s'est fait la spécialité. Et qui participe de son incontestable rayonnement en la matière.

Ces études renforcent l'apparente association primitive entre nature et terroir. Nous aurions reçu la mission divine de valoriser des parcelles de terre naturellement et richement dotées. Dont nous n'aurions plus qu'à récolter les fruits. Charge à la science d'en déterminer les caractéristiques et à les imposer comme des invariants du système. Et c'est ainsi que le discours du terroir s'est progressivement concentré sur la partie agronomique du système au XXe siècle.

Une littérature prolifique nous a plongés dans le détail des éléments géologiques et pédologiques formant le socle de toute prédétermination par le sol. La nature des surfaces et du sous-sol permet de créer les fondements d'un couplage des meilleurs paramètres de plantation et de poser les jalons de critères incontestables tant sur le plan viticole que juridique. Elle projette aussi des parallèles osés entre zones de production. C'est ainsi que les mêmes types de sous-sol se sont retrouvés qualifiés en matière de terre à vignes en Bourgogne, en Champagne et de l'autre côté de la Manche, dans le Sussex.

Ces éléments ont été enrichis par une meilleure connaissance des données géographiques permettant de construire une cartographie mondiale des zones de production existantes et/ou potentielles. Par géopositionnement, il a pu être prédéfini un ensemble de latitudes propices au développement de bassins de production. Lesquelles ont été confrontées à des données concernant l'altitude des territoires et le caractère accidenté du relief. Ainsi que l'inclinaison et la pente des sols présélectionnés.

L'ensemble des informations a été analysée à partir de bases de données climatologiques aptes à venir confirmer ou infirmer la conjonction de facteurs favorables à l'implantation, au développement et à la pérennité de domaines viticoles qualitatifs et originaux.

Les hommes ont depuis longtemps compris l'intérêt de l'approche agronomique. Elle confère un caractère objectif à une notion éminemment complexe, qui est un formidable enjeu de pouvoir. Elle assied la légitimité juridique du classement des propriétés viticoles en AOC et arbitre les valeurs foncières des terres à vigne. Car le terroir est un fantastique terrain de jeu pour les stratèges de l'aménagement du territoire. Il permet de justifier et de délimiter une aire de production et surtout d'arbitrer les litiges économiques à bon compte. Mais aussi, indirectement, de figer les positions, de fixer un modèle économique et de limiter sa nécessaire évolution et adaptation aux marchés. Car derrière l'approche naturaliste du concept de terroir, bien d'autres aspects affleurent.

Dans bien des cas, la nature n'a pas grand-chose à voir avec la définition d'une zone viticole. Bien des exemples historiques nous enseignent que la réalité est toute autre. Dans les faits, il faut se rendre à l'évidence : le milieu viticole est régi par les mêmes lois que les autres activités humaines, Et le processus de naissance d'une région de production répond à des facteurs beaucoup plus pragmatiques que la poésie du terroir[9]...

Preuve en est la naissance de la région bordelaise. Elle ne doit son existence qu'à un faisceau de décisions socio-économiques qui ont façonné sur une très longue période les destinées de ce terroir.

---

9. Voir l'excellente analyse de Roger Dion dans son *Histoire de la vigne et du vin en France, des origines au XIX*^e^ *siècle*, Paris, Flammarion, coll. « Histoires », 1993.

Tout a commencé au Moyen Âge lorsque furent institués les «privilèges de Bordeaux» et la primauté de la commercialisation des vins de la région. Un protectionnisme rigoureux a garanti les débouchés des vignobles plantés autour de Bordeaux et éloigné la concurrence. Tous les vins du «haut pays», à l'est d'une ligne Libourne-Langon et en amont de la Garonne, devaient attendre Noël pour pouvoir entrer dans la région et y être vendus et exportés. Autrement dit, hors de l'espace bordelais, vous n'étiez pas le bienvenu pour faire du commerce.

Un espace géographique protégé était né et allait favoriser les conditions nécessaires à la valorisation locale d'une économie florissante du vin. Ensuite apparurent au XVIIe siècle les structures marchandes issues des pays consommateurs, à savoir principalement les Anglais et les Hollandais. Se constituent alors les vignobles du Médoc et des Graves pilotés par les Britanniques et ceux du sud et de l'est de la Garonne plutôt dominés par les Bataves. Chaque nation va profondément aménager l'espace viticole en fonction des goûts de ses communautés et de ses débouchés commerciaux à l'exportation. L'aménagement des terroirs va donc se plier aux nécessités des affaires. Au XIXe siècle, la hiérarchie des grands crus et le classement de 1855 vont confirmer la domination des marchands et des grands bourgeois dans les zones limitrophes de Bordeaux, tandis que l'aristocratie va se réfugier autour du Sauternais. Le XXe siècle confirmera cette hiérarchie des élites, tout en consacrant le potentiel de la rive droite et de ses deux appellations phares : Saint-Émilion et Pomerol.

En réalité, le terroir bordelais est la résultante d'un modèle économique autour duquel vont se cristalliser les intérêts des milieux agricoles, marchands et aristocratiques. Il traduit en activité commerciale une singularité géographique et climatique que les hommes rendront favorable à l'essor de la vigne. Car à la source de toute entreprise humaine naissent les échanges de biens. Accidents ou circonstances historiques, certaines régions se trouvent favorisées, proches des centres du pouvoir, des lieux de consommation ou situées sur des axes de communication. Au fil du temps, certains remportent plus de succès que d'autres. Et de là surgit la nécessité de hiérarchiser et d'organiser l'offre.

Motivés, les divers acteurs économiques concernés doivent tôt ou tard s'accorder pour établir ensemble un pacte social capable de pérenniser le succès. Et puis, surtout, concevoir un accord collectif, ce que nous appellerions aujourd'hui un *Business Model*, unissant un bassin de production et posant les fondements d'une éthique collective, des statuts, une gouvernance et des règles normalisant les pratiques individuelles.

Le propos est de distribuer la manne commerciale en fonction des atouts de chaque exploitation et en accord avec les meilleures pratiques, les ressources du sous-sol, le meilleur état de l'art au moment de la conception du terroir d'origine et en fonction du pouvoir de conviction de chaque acteur, qu'il soit intellectuel ou financier.

S'ensuit une construction de la segmentation des exploitations qui n'a souvent pas grand-chose à voir avec l'état naturel de la zone. Certaines délimitations d'appellations laissent perplexes et ont plus à voir avec le cadastre ou les hasards du réseau routier. Les communes défendent leur pré carré plus efficacement que « dame Nature ». Car viennent souvent s'y mêler des considérations de positionnement, de proximité géographique. Essayez par exemple de trouver dans le paysage bordelais les murs des 12 000 propriétés immobilières qualifiées de « châteaux », qui font le fleuron de sa production. Ou de reconstituer la notion de domaine, là où les propriétés girondines sont loin d'avoir constitué un seul bloc homogène. Fractionnées et éloignées les unes des autres au sein d'une même appellation, les parcelles sont souvent éparpillées et le foncier a donné lieu à de multiples remembrements ou à la création du concept des seconds vins. Cette élaboration « pas à pas » du vignoble permet néanmoins d'identifier, de définir et d'ancrer les caractéristiques d'un château que chaque vigneron cherchera à reproduire et à perfectionner.

Les villages font aussi preuve de beaucoup d'imagination. En Bourgogne, certaines communes ont eu le réflexe d'adosser à leur nom d'origine une appellation fameuse. Ainsi en est-il d'Aloxe-Corton, de Puligny-Montrachet, de Gevrey-Chambertin ou de Ladoix-Serrigny. Là, c'est le cadastre et l'autorité municipale qui préemptent une partie de la manne du terroir.

La main de l'homme est donc essentielle pour corriger ce que la nature du terroir veut bien nous fournir spontanément. Le fameux goût de terroir est bien d'essence humaine, et non pas divine.

La fréquente référence au sous-sol, avec de nombreuses études scientifiques à l'appui, est un autre témoignage du lien entre terroir et regard de l'homme. Mais cela doit aussi se voir concrètement, être révélé par des références visuelles, et le tout doit être instructif : le message doit être facile à communiquer, apparaître comme une évidence. Le but est de mettre en place un descriptif de la région de production capable de consolider ses caractéristiques, de justifier une performance comme gage et caution de qualité, et de solidariser la communauté qui le réalise et le gère. Le vignoble des communes chablisiennes en est un très bon exemple. Depuis la colline des Clos, on a une vue imprenable et extrêmement pédagogique sur l'ensemble des appellations du vignoble. Parcelles de chablis, de premiers crus et de grands crus se répartissent sous vos yeux et mettent en avant les spécificités de leur relief, de leur exposition géographique et climatique. Exposition solaire, orientation magnétique, intensité de la déclivité, le tout forme un ensemble cohérent et très visuel illustrant les différences qualitatives entre crus.

Dernier volet posant les fondations du « terroir » et lui donnant toute sa valeur : la performance doit avoir un sens commun, se répéter chez tous les producteurs et si possible avoir un caractère non reproductible. Ce que les commerciaux appellent dans leur jargon une USP[10], une ou des spécificités qui rendent le vin différent et/ou supérieur aux autres vignobles. Une volonté farouche de se distinguer tout en respectant le dogme collectif. C'est là que réside l'alpha et l'oméga de la crédibilité du système. Être à la fois unique et homogène. Garder un fil conducteur com-

10. *Unique Selling Proposition* : concept identifié par des publicitaires américains dans les années 1960 et qui tend à améliorer la performance commerciale d'une société, un produit, un service, en lui attribuant un bénéfice suffisamment spécifique et pertinent pour représenter un attrait supérieur à la concurrence.

mun à l'ensemble des producteurs témoignant d'un invariant issu d'un patrimoine commun et partagé. Et le pousser à l'extrême dans une quête de qualité et de personnalisation.

Deux défis qui sont loin d'être faciles à respecter. La fidélité à un concept élaboré par les générations précédentes implique une adhésion sans faille et un attachement aux règles ayant scellé le destin d'une communauté d'acteurs. Entrepreneurs individuels et propriétaires terriens doivent constituer un actif suffisamment fort et fédérateur pour s'affranchir de leur caractère individuel et jouer collectif. Sur plusieurs décades et au fil des millésimes. Un *challenge* très difficile à relever et opposant nécessairement, à un moment ou un autre, les anciens et les modernes, le privé et la coopération, le négoce et la production.

Cette situation peut marginalement aboutir à des situations de blocage, chacun campant sur ses positions ou n'écoutant pas l'autre. Les réunions organisées dans différentes régions de production s'appuyant sur le concept de terroir ont montré à quel point la collectivité avait du mal à faire avancer ses propres dossiers collectifs. Jean-Guillaume Ditter[11], fin observateur de nos organisations viticoles bourguignonnes, estime que nous touchons là à un point faible du système érigé par le concept de terroir. Il note avec quelque raison que « la nature des relations existantes entre acteurs est caractérisée par une tradition de non-concurrence / non-coopération ». Autrement dit, il souligne l'existence de pactes non écrits scellant une

11. Docteur en économie européenne et internationale, enseignant-chercheur au Groupe ESC Dijon.

relative non-agression entre producteurs d'une même appellation, qui les préserve sûrement d'une concurrence acharnée, mais qui n'institue pas forcément une franche collaboration et une unité propice à faire avancer leurs causes communes.

La suspicion prévaut dans bien des cas. Nous sommes souvent confrontés à des situations très similaires à celles connues par les copropriétaires lors des assemblées générales organisées par leur syndic de gestion. Attirer le consensus relève de l'exploit dès lors que plusieurs centaines de personnes se rassemblent avec leur propre histoire, leur chronologie, leurs moyens et aspirations. Les situations de blocage abondent, les conflits sont au mieux larvés, au pire un dialogue de sourds. Le risque est d'aboutir au *statu quo* et de cultiver des positions irréconciliables, des dérives devenant un poids et un handicap lors de périodes de crise. Car l'un des graves défauts de ce système de gestion collective est sa forte résistance au changement.

Ayant réussi le tour de force de mettre d'accord un groupe d'individus sur un projet de valorisation du terroir, il est très difficile de procéder ensuite à des ajustements, même à la marge. L'inertie est très forte et peut au mieux limiter le partage du succès, au pire mutualiser les risques. Les initiateurs du projet de «terroir» ont donc une responsabilité sociétale très importante et cruciale pour le destin d'une région et la poursuite de création de richesses. Si le projet est sous-dimensionné, ils affaiblissent la capacité de rayonnement d'un produit et empêchent une prospérité future. S'il est surdimensionné, ils le diluent. L'arbitrage est aussi conditionné par la faculté des producteurs à bien suivre et garantir cohérence et qualité. Le cas de l'appellation générique bordeaux est exemplaire. Une aussi vaste organisation de vignobles a toutes les peines du monde à maintenir le bateau à flot et consent à des dérives qui sont préjudiciables au maintien du positionnement, du style et du niveau qualitatif exigé par le pacte collectif.

Quand à la capacité de ce collectif à s'autoréguler, qu'il soit permis d'en douter. Être juge et partie donne rarement lieu à des décisions impartiales. Les commissions d'agrément ont beaucoup de mal à fonctionner et à véritablement assumer leur fonction de gardien du temple. Les actes de police et de sanction sont très difficiles à assumer par un collectif. Dénoncer et condamner alors que l'on appartient au même corps social n'est pas d'un usage très courant dans nos sociétés d'obédience chrétienne.

Ce pacte social est pourtant au cœur des pratiques du milieu professionnel et de sa survie. Au-delà des convenances, l'économie viticole est avant tout une affaire patrimoniale. Le discours très sophistiqué de sublimation de la nature par le terroir convient aux professionnels férus d'œnologie et de sommellerie. Mais à la fin, il s'agit de gros sous. Sous forme d'entité communale, villageoise ou familiale, la grande affaire des individus composant la collectivité est de s'accorder sur la valeur des terres qu'ils se partagent. Et là, le terroir confère au génie en hiérarchisant précisément chaque recoin de terre agricole destiné à la vigne. Et en échafaudant un faisceau de preuves constituant un humus juridique opposable à tous. Le corps social se plie alors devant une vision partagée du destin commun.

Cette conception se traduit par une valorisation économique des surfaces à vigne, distinguant chaque parcelle en fonction de son appartenance à telle ou telle appellation, tel cru, tel lieu-dit. La terre a une valeur marchande que le terroir peut transformer de façon radicale. Une valeur commerciale très corrélée avec le potentiel de diffusion, le prix moyen de la bouteille et l'attractivité du nom de l'appellation. Le système a tout intérêt à être très solide et fondé sur des arguments tangibles pour supporter des écarts de prix des terres de un à cinquante et les faire accepter par le corps social. Sur une même aire de production renvoyant à un enracinement commun en Aquitaine, les écarts entre les différentes appellations d'une même région viticole peuvent être extrêmement forts. Un générique bordelais se situe sous la barre des 20000 euros alors que les stars des grands crus franchissent allègrement plusieurs centaines de milliers d'euros. Les enjeux du terroir sont bien là d'essence financière.

Autrement dit, Denis Dubourdieu[12] a raison d'affirmer que « c'est l'homme qui révèle le terroir viticole et non l'inverse ». Et que c'est bien le moins mauvais des systèmes pour faire accepter des différences de prix aussi fortes par les exploitants.

12. Œnologue, consultant et directeur général de l'Institut des sciences de la vigne et du vin.

Tableau 3

Prix des terres viticoles à l'hectare en euros (2008)

Saint-Julien – Margaux	1 000 000 €
Pomerol	1 000 000 €
Pauillac	700 000 €
Saint-Estèphe	350 000 €
Saint-Émilion	200 000 €
Lalande-de-Pomerol	150 000 €
Pessac-Léognan	140 000 €
Lussac, Puisseguin, Montagne	100 000 €
Sauternes	60 000 €
Fronsac	55 000 €
Moulis	50 000 €
Haut-Médoc	45 000 €
Listrac	45 000 €
Graves	30 000 €
Médoc	35 000 €
Graves	30 000 €
Côtes-de-Bourg	23 000 €
Côtes-de-Blaye	21 000 €
Bordeaux rouge	18 000 €
Bordeaux blanc Entre-deux-Mers	18 000 €

Source : Safer Atlantique Aquitaine.

Le vin à l'heure du TGV

Comme toute autre activité humaine plongée dans le XXIe siècle, le vin ne reste pas immobile. Il bouge, évolue et se transforme de plus en plus rapidement. Sous l'effet de la diffusion des bonnes pratiques et du progrès technique, le vin se sent même pousser des ailes.

Longtemps restés dans la pénombre de leurs caves, les hommes qui pratiquent ce métier sortent de leur anonymat. Ils ont d'abord été réveillés par quelques œnologues visionnaires, notamment Émile Peynaud et Pascal Ribéreau-Gayon, qui ont posé les fondements d'un raisonnement scientifique appliqué à la transformation du raisin en vin. Les entreprises se sont progressivement converties à une approche moins empirique et traditionnelle, mettant en place toute une série de processus innovants au service d'une qualité mieux maîtrisée et plus constante. Elles ont appris à investir dans de nouveaux chais, à adopter des principes architecturaux préservant la matière première et à se doter d'équipements sophistiqués aptes à domestiquer la nature, apprivoiser l'hygrométrie, les températures, les fermentations. Puis, cette science de l'œnologie a influencé de manière déterminante le style de nombreuses maisons et châteaux enfin mieux armés pour définir et maîtriser le produit final. L'accroissement des connaissances liées aux mécanismes de la vinification a permis d'extraire le meilleur du fruit. Les méthodes de contrôle sanitaire de l'agroalimentaire se sont propagées dans les caves et sur les lignes d'embouteillage. La diffusion de tous ces savoirs a joué un rôle déterminant dans le fait que les vins aient plus changé en vingt ans que pendant tout le siècle dernier.

Ces hommes ont ensuite eu le courage de voir le métier sous un éclairage nouveau. La promesse d'un avenir florissant rempli de consommateurs avertis sachant reconnaître et payer la qualité a suscité bien des convoitises. La technique a donc envahi les propriétés et chaque millésime nous a offert l'opportunité d'un saut qualitatif que les exploitants tentent de concrétiser chaque année. Assez contrasté, car la vigne est considérée par certains comme un point faible, un chaînon qui n'a guère profité des investissements intellectuels et financiers de ces dernières années. On a beaucoup plus avancé dans la maîtrise du processus de transformation que dans la connaissance des maladies du bois, la diffusion des bonnes règles de gestion environnementales et la qualité du patrimoine végétal français. Dans la construction de nouvelles conduites du vignoble, nous avons encore beaucoup de progrès à faire. Dans la validation des processus de conduite raisonnée, de traitement biologique des vignes, de résistance du végétal aux maladies, de suivi des sols. En comparaison des sommes dépensées dans l'acier et le béton, il reste à tendre un fil entre le terroir et les hommes qui travaillent au plus près du fruit.

Enfin, toutes les jeunes générations d'œnologues voyagent dans le monde entier, vinifient des vins sous toutes les latitudes. Ils vivent des expériences différentes qui forment leur esprit au sens critique. Les jeunes Français comprennent que leurs homologues étrangers apportent des idées neuves et innovantes. Ils n'ont pas le monopole du savoir. Fidèles à leur philosophie humaniste, les chais français accueillent de leur côté des centaines de jeunes du monde entier en formation. De cette confrontation des savoirs naissent des idées neuves, une ouverture d'esprit, un souffle de modernité. Un vent nouveau traverse les caves. Il ne laissera pas insensible nos chères traditions.

Cette manne intellectuelle pose tout de même deux problèmes au «système» français.

Premièrement, ces changements à grande vitesse secouent un édifice basé sur des règles très précises auxquelles doivent se plier tous les acteurs, sous peine de sanctions très lourdes. Le monde vitivinicole est imprégné d'un millefeuille de législations, réglementations, instructions et organes de contrôle qui sont autant d'obstacles à l'initiative individuelle, à l'innovation, au progrès et à l'intégration de nouvelles pratiques. Pas facile d'avancer et de changer de méthodes lorsque l'on passe son temps à appliquer les principes d'un temps révolu. Par exemple, un vin en vrac ne peut pas être déplacé à l'extérieur de la propriété s'il veut conserver son caractère de vin de domaine «mis en propriété». Des prestataires de service se déplacent d'un producteur à l'autre pour assurer sa mise en bouteilles avec des équipements nomades pas toujours au top de la technologie. C'est un peu comme devoir faire rouler un TGV à 320 km/h tout en respectant les méthodes de signalisation des machines à vapeur.

Deuxièmement, cet éveil du vin au monde moderne pose un problème ardu à nos clients. Patiemment, ils ont tenté d'accumuler un savoir encyclopédique sur nos terroirs, nos producteurs, nos cépages. À force de dégustations, ils ont fini par différencier les bourgognes des beaujolais, les pomerols des saint-émilions, le sancerre du saint-bris, le merlot du carménère. Tant que rien ne changeait, l'investissement intellectuel était rentable. Des années à accumuler du savoir donnaient accès à une expertise garantie à vie.

Mais ce n'est plus le cas. Tout change et bouge. Les vérités d'hier ne sont plus celles d'aujourd'hui. De nouvelles pratiques culturales se répandent dans les vignes. Les vendanges mécaniques permettent d'aller plus loin dans les contrôles de maturité. Les producteurs d'autrefois se mettent à conserver la fraîcheur de leurs arômes à l'abri dans des cuves inox. La maîtrise des interactions de l'oxygène avec le vin permet de mieux assurer le vieillissement. Certains vont même jusqu'à adopter le bouchage à vis. Qui a raison ? Qui a tort ? Il faut admettre de reprendre à zéro tous les dix ans ses connaissances en matière de vin. Impossible pour le simple amateur.

Les grands principes qui régissaient le paysage viticole français dans les années 1980-1990 et marquaient le style des vins de l'époque n'ont plus rien à voir avec la configuration actuelle. Toute une génération de professionnels a dépoussiéré un grand nombre de domaines et en a récolté les fruits. Des régions se sont affranchies de leur mauvaise réputation, d'autres se sont mises à l'écoute de leurs clients. Les plus ambitieuses ont vu le prix de leurs bouteilles flamber. Les comptes rendus de dégustation montrent un univers fluctuant et des producteurs se remettant en cause.

Mais le carcan de nos organisations se montre difficile à révolutionner. Il n'y a qu'à observer la valse-hésitation déclenchée par la révision du classement des crus de Saint-Émilion en 2006. Une histoire kafkaïenne plongeant toute une région dans un abîme d'incertitudes. Le simple fait d'actualiser tous les dix ans la liste des crus et leur hiérarchie a suffi à déclencher un blocage du système. Certains domaines mécontents d'être déclassés avaient obtenu l'annulation de la révision de l'appellation. Du coup, les producteurs locaux ne savaient plus où donner de la tête, quoi mettre en bouteille, avec quelle étiquette et surtout à quel prix. Il a fallu de toute urgence remettre en application l'ancien classement, puis s'enquérir du sort des promus du classement de 2006 soudain sans reconnaissance de leur statut.

Le système a atteint ses limites. Gérer la complexité vaut pour des univers stables, administratifs et exempts d'influences extérieures. Le vin français n'en est plus là. Heureusement pour lui, il trouve encore quelques forces pour tenter de s'adapter au temps présent et ne pas mourir d'une congestion de textes. Le temps file vite. Il nous faut évoluer pour survivre sur les marchés internationaux. À la fois envoyer des signes forts aux consommateurs pour leur prouver que nous les comprenons et que nous savons nous adapter à leurs besoins et à leurs nouveaux modes de consommation.

La refonte récente du classement des crus bourgeois marque un consensus autour d'une évaluation annuelle des châteaux, plus proche de la réalité du processus. Des mesures assurées par des organisations indépendantes spécialisées dans l'évaluation et le contrôle, évitant l'écueil du professionnel «juge et partie». Sous la pression de Bruxelles imposant un protocole strict au nom du respect de la concurrence, le bureau de certification Veritas va inspecter les processus de vinification et superviser les dégustations à l'aveugle. Sortant de la logique administrative traditionnelle, la recherche d'une évaluation fiable de chaque millésime a prévalu sur des considérations partisanes. Résultat : sur les 440 crus bourgeois d'origine définis en 1932, le nouveau système a validé 243 châteaux pour le millésime 2008. Charge à chacun de revenir après chaque vendange faire évaluer son travail.

Un séisme dans les pratiques de la profession, dont le consommateur sort gagnant[13].

Au cœur des enjeux planétaires, nous devons savoir faire évoluer le prisme de notre pensée. Le monde du vin se remet en cause à chaque millésime – la recette de chaque année est différente. Il prouve donc au fil des âges sa capacité d'adaptation aux caprices des conditions climatiques. Pourquoi n'en serait-il pas de même face aux caprices du client ?

Il lui faut vivre avec son temps et orchestrer sa mue, regarder le marché plutôt que le terroir, bouger à la vitesse d'un TGV sans renier son savoir-faire. Le vin est une feuille blanche chaque année. Le prochain millésime reste à inventer. Exploitons ce formidable espace de liberté. Nous voyons de près les contours de notre cycle de production. Mais nous sommes myopes lorsqu'il s'agit de voir les envies de nos lointains clients. Il est temps de chausser de nouvelles lunettes pour aborder le marché avec des idées claires. Et oser nous adapter à ces consommateurs comme nous le faisons avec un raisin chaque année différent.

---

13. Interview de Thierry Gardinier, dans *Le Figaro* du 30 septembre 2010 : « Le véritable gagnant est le consommateur qui a l'absolue garantie que le vin qui porte la mention "cru bourgeois" en est absolument digne. [...] Aucun classement n'est jamais à ce niveau d'exigence. »

CHAPITRE 3

Les archaïsmes du système

... Caractère d'ancienneté.
Imitation de la manière des Anciens

Qu'on le veuille ou non, le marché du vin voit son destin se nouer hors de nos frontières. Ce ne serait pas la première fois. Les ascendants de nos prestigieux nectars issus des propriétés bordelaises ne sont autres que les célèbres et populaires « clarets » qui eurent leur heure de gloire au XVIe siècle. Des vins de soif qui réjouissaient les papilles dublinoises, londoniennes et anversoises. Le monde n'est donc pas si figé qu'il en a l'air... Et l'influence des nations non productrices et des marchands a souvent eu un rôle primordial à jouer.

Or, aujourd'hui, le dynamisme économique est en train de changer de camp. L'appel à la consommation est immense hors de nos frontières hexagonales et représente surtout la meilleure perspective de croissance face à un marché intérieur bien étriqué. La qualité d'écoute et l'ouverture à de nouvelles conceptions du monde du vin sont bien mieux exploitées ailleurs, là où la capacité marchande du vin est placée au-dessus des autres contingences. La capacité à innover est donc en train de passer insensiblement aux mains de puissants négociants internationaux. Il est à déplorer que l'initiative doive venir des marchés et non pas des pays historiquement producteurs eux-mêmes. Les très grands producteurs de vins sont de moins en moins issus d'Europe. Ils sont australiens, américains, chiliens… L'épicentre de la profession est de plus en plus anglo-saxon et de moins en moins situé dans les pays de production de la Méditerranée. Libérées du poids territorial, historique et économique de toute une lourde filière, les langues et les stratégies se délient plus facilement de l'autre côté de la Manche. Le Monopoly du vin ne se joue pas sur la place de Bordeaux, mais à Londres, New York ou à Shanghai… Le langage codé d'un savoir élitiste et la pression sociale n'y ont pas cours. Sans terroirs imposant une certaine responsabilité sociétale et une inévitable contrainte spatio-temporelle, leur liberté de mouvement est sans appel. Leur rapidité de réaction sans pareil. D'un revers de la main, trente ans d'efforts ne pèsent pas lourd lorsque le produit n'est pas conforme aux désirs de leur marché.

Trois signes frappent l'imaginaire du spectateur attentif au spectacle de la nouvelle génération d'acteurs du monde du vin. Trois clignotants qui nous invitent à la réflexion.

D'abord, le vin fait une percée inédite chez les générations de vingt-trente ans. Il devient branché de déguster un verre, mais aussi de parler du vin. Aux terrasses des cafés, les verres de vin s'affichent. Rouge, blanc, rosé, il y en a pour tous les goûts. Les jeunes femmes sont sensibles à la subtilité du sauvignon, à l'élégance de sa transparence et à ses vertus diététiques. Le rosé fait un tabac et ne semble plus réservé exclusivement aux tables baignées de soleil.

Le pinot noir fait des émules, porté par un incroyable *buzz* provoqué par un film tourné… en Californie[14]. Le consommer, mais aussi en discuter. Faire preuve de discernement, plonger dans les mystères des étiquettes, construire un pont entre villes et campagnes : le vin est un produit convivial et de partage. Savoir décrire ses émotions, commenter les facettes d'un cépage, se souvenir d'un voyage dans l'hémisphère Sud, ponctuer d'un sourire entendu l'ouverture d'un grand cru, tous ces faits et gestes semblent être du dernier chic, porteur de valeurs positives qui valorisent et signalent ces jeunes générations d'épicuriens.

Ensuite, le public invité aux manifestations officielles et aux dégustations professionnelles est à l'image de ces nouveaux amateurs de vin : jeune et tendance. De nombreux acheteurs et sommeliers se présentent avec une solide expérience des régions de production de la planète et des attentes de leur clientèle. Car c'est la demande qui reste le maître du jeu dans le nord de l'Europe, en Asie ou en Amérique. Le discours de cette génération spontanée de sommeliers est très commercial, leur opinion se fait d'abord au fond du verre et dans le regard de leurs clients. Absence d'*a priori*, recherche de la nouveauté, absence de défaut, millésime lancé comme une collection de mode, expression du cépage, culte du discours net et clair, tel est leur credo. Et on a beau chercher, le terme France ne pèse pas bien lourd dans ce nouveau paysage « contemporain ». Le contraste est frappant avec une France souvent pétrie de certitudes, où tout

14. *Sideways*, film d'Alexander Payne sorti en 2004, une véritable ode au pinot noir récompensée par deux Golden Globes (www.foxsearchlight.com).

un monde austère et cultivé décide quoi proposer à une masse de consommateurs plus ou moins avertis. À la décharge de nos intellectuels et éleveurs de vins, la France compte au moins « 60 millions » d'œnologues, chaque citoyen se sentant un peu le gardien du temple viticole. Pas facile tous les jours...

Enfin, la lecture d'une carte des vins à Londres, New York ou Dubaï plonge le Français moyen dans un abîme de songes d'une grandeur perdue. La référence au pays d'origine a totalement disparu. La mondialisation a encore frappé au fin fond des caves les plus prestigieuses. Le monde viticole est devenu un et indivisible. De par la globalisation, les régions cohabitent dans une joyeuse anarchie. Et jouent à une géopolitique d'un nouveau genre. Certaines cohabitations laissent songeur. Les pays du Commonwealth cohabitent avec l'Argentine. Le Liban avec les vins israéliens. La Géorgie avec l'Ukraine. Certainement un délice pour des diplomates en mal d'inspiration. Mais un casse-tête pour les Français mettant en avant la diversité de leurs terroirs.

Le paysage éditorial des cartes des vins subit une déferlante de créativité sans égale dans l'histoire. Le fruit de savantes et âpres offensives de légions étrangères venues de l'hémisphère Sud. Le Nouveau Monde a su porter les coups là où le terrain pouvait générer un recul significatif de la culture occidentale classique. Et où des défaites déterminantes ont pu miner le terrain. Car il en est des confrontations commerciales comme de l'art de la guerre : le combat se gagne d'abord dans les esprits. Remporter la bataille du vin avant même d'engager ses armées, c'est surtout préparer le terrain à la disparition du terroir sur les cartes d'état-major. Et quelle meilleure arme de destruction massive du discours «terroir» qu'une carte des vins qui opte pour une classification par saveur, par style ou par cépage... Savamment, une révolution de la présentation des vins s'est mise en marche. De proche en proche, le discours de l'origine géographique cède du terrain face à d'autres visions du monde.

Et cela se voit comme une évidence dans les restaurants. Aujourd'hui, de nombreux établissements hors de nos frontières veulent une carte des vins attractive incitant à commander. Et bien des opérateurs renoncent à un ordonnancement par pays et par régions de production. Ils adoptent d'autres démarches plus en ligne avec les préoccupations et critères de décision de leurs clients.

Dressons le paysage de ces listes des vins de nouvelle génération :

Classification par cépages

Il s'agit là de la plus attendue, la plus fréquente des organisations.

Citons par exemple une carte de sauvignon blanc du restaurant Salty à Seattle (États-Unis), où vont cohabiter des vins dans un nouvel ordre mondial...
Sauvignon Blanc – *The Oyster-Lover's wine, bright and refreshing to lean & lingering*[15] ;

– Dashwood, Marlborough 2009, New Zealand ;

– Cedergreen Cellars, Columbia Valley 2008, Western Australia ;

– Pouilly Fumé, Masson Blondelet, Les Angelots, Loire, 2007, France ;

– St Supery, Napa 2009, California ;

15. Sauvignon blanc : l'association parfaite avec les huîtres, lumineux, rafraîchissant, épuré et persistant (traduction de l'auteur).

– Sancerre, Henri Bourgeois, Grande réserve 2008, France ;

– Cloudy Bay, Marlborough 2009, New Zealand.

Classification par goût

Elle répond à un ordonnancement par critère organoleptique.

Au centre de Londres, au menu de la table branchée de Yauatcha, le classement se fait par regroupement de styles. Vous avez par exemple diverses catégories de vins rouges répartis par type de sensations ou de textures : la fraîcheur, la gourmandise, la rigueur du bois, l'exotisme des épices, le caractère fruité, le velours. Cela donne un mélange pour les vins « veloutés » de :

– pinot noir Astrolabe 2006, Martinborough, Nouvelle-Zélande ;

– Vosne-Romanée, René Engel 2003, Bourgogne, France ;

– Cerasuolo di Vittoria, Planeta 2007, Sicile, Italy ;

– Savigny-les-Beaune vieilles vignes, Maréchal 2006, Bourgogne, France ;

– Shiraz Hilltops, Clonakilla 2006, Canberra, Australie ;

– Gigondas, La Haute Marone 2005, Rhône, France.

Classification par prix

On a ici affaire à la plus réductrice des classifications. C'est aussi la plus redoutablement populaire, y compris chez les plus grands restaurateurs.

Même dans des établissements prestigieux anglais comme le Fat Duck d'Heston Blumenthal, vous pouvez voir cohabiter en bonne intelligence, et par ordre de prix :

– 2008 Viña Leyda, pinot noir, Cahuil Vineyard, Leyda Valley, Chili ;

– 2005 Nero d'Avola, Terra delle Sirene, Azienda Agricola Zenner, Sicile, Italie ;

– 2003 Nemea, Ktima Driopi, Péloponnèse, Grèce ;

– 2007 Bairrada, Reserva Tinto, Casa de Saima, Portugal ;

– 2006 Barbera, Poderi di Luigi Einaudi, Piemont, Italy ;

– 2007 Bourgogne, Bernard Dugat-Py, Bourgogne, France.

Classification pédagogique avec des notes de dégustation

Beaucoup de listes sont accompagnées de commentaires pour éclairer le choix des clients, comme l'indiquent les notes de dégustation d'un chardonnay américain :

Foppoli chardonnay, Russian River Valley, 2007. *Premium oakless chardonnay promoting the true characteristics of the grape. Kiwi, green apple, pineapple and grapefruit flavors abound*[16].

Classification par typologies de produit

Chaque sommelier opte pour le décodage le plus judicieux afin d'éclairer les novices : les modernes / classiques /ambitieux /originaux ou Ancien /Nouveau Monde, ou d'autres catégories.

À New York, le Bar de Daniel Boulud vous emmène dans une découverte de « coups de cœur », de « clas-

16. Chardonnay raffiné, non boisé, représentatif des arômes authentiques du cépage. Saveurs exubérantes de kiwi, de pomme verte, d'ananas et de pamplemousse (traduction de l'auteur).

siques », de « légendes » ou de « cousins ». Cela donne, pour les « cousins » des vins rouges du Rhône :

– Vigne Deriu, Cannonau di Sardegna, Italie, 2006 ;

– Coturri, Carignane « Testa Vineyards » Mendocino, Californie, 2008 ;

– Vega Sindoa, Old Vines Garnacia El Chaparral, Navarre, Espagne, 2008 ;

– Man O'War, syrah, Waiheke Island, Nouvelle-Zélande, 2008.

Classification *Food and Wine*

Elle consiste à associer des mets de la carte et des vins de la cave.

Un travail conjugué du cuisinier et du sommelier permet de proposer des mariages insolites dans le but de transfigurer le mariage des deux produits. La table parisienne d'Il Vino d'Enrico Bernardo s'est aventurée dans cette direction et propose des assemblages de mets et vins originaux. Elle a même poussé l'abstraction à son paroxysme en osant vous proposer en guise de menu... la seule carte des vins. Libre au chef de vous servir les suggestions du jour qui s'associent le mieux à vos choix de vins. D'audacieuses associations de riesling et d'huîtres pochées, barbaresco et risotto aux cèpes, meursault et coquilles Saint-Jacques, le tout servi au verre, rythment un dîner au format plutôt atypique et mettant à l'honneur le vin.

Classification par styles

C'est l'un des filtres les plus couramment utilisés par les pays anglophones pour ranger les bouteilles dans des catégories liées à la puissance du vin et qui utilisent une approche très cartésienne.

Le restaurant Nobu de Los Angeles annonce ses vins en termes d'intensité :

– *Light and Medium /Robust and Spicy /Rich and Full* pour les rouges ;

– *Light, Crispy and Refreshing /Spicy and Aromatic /Rich and Full Body* pour les blancs[17].

Ce qui fait cohabiter de nombreuses nationalités.

Classification par producteurs

Ce format, moins usité, est souvent employé pour valoriser les bouteilles les plus rares, les verticales, les cuvées spéciales comme au GreenHouse en Angleterre ou au Club 21 de New York.

Classifications originales

Relevées ici ou là, de belles expressions viennent ponctuer des listes très innovantes. En voici quelques exemples : « Premier rendez-vous » ; « Vous faire plaisir » ; « Hors des sentiers battus » ; « Infanticide » (des vins estimés trop jeunes pour être ouverts).

Impertinence, espièglerie, bascule des tabous, les nouveaux opérateurs ne s'embarrassent pas de carcans poussiéreux. Pour ces sommeliers d'un genre nouveau, le vin est un outil précieux à utiliser avec efficacité. Il est traité avec autant de précision chirurgicale que la carte des menus et doit participer à la satisfaction du client. Car il est un fort contributeur de la rentabilité du restaurant, mais aussi un important vecteur d'image. Un choix précis, des propositions alléchantes, une mise en avant accrocheuse, des

17. Léger et modéré /solide et épicé /ample et structuré pour les rouges. Léger, vif et frais /épicé et aromatique /ample et généreux pour les blancs (traduction de l'auteur).

formats variés, des vins du jour et au verre sont autant d'étapes pour aider au choix et sortir intelligemment des vieilles recettes. L'objectif est de rendre autonome le client par une information sélectionnée et présentée rigoureusement, en prenant soin de lui donner envie de commander et de revenir pour découvrir d'autres bouteilles. Être des conseillers attentifs à diffuser des renseignements circonstanciés et accessibles aux néophytes pour susciter un choix sans équivoque, voilà la préoccupation majeure des sommeliers. Suivant en cela les chefs étoilés Michelin capables de briser le carcan des juges, le mythe de la liste des vins façon annuaire des Pages Jaunes a vécu.

Face à ce vent de jeunesse et cette révolution des idées, le vin français semble cruellement manquer d'audace et de modernité. Ce souffle commercial détectable dès que l'on franchit les frontières n'est pas sans rappeler un paradoxe que Jacques Berthomeau résumait en une phrase lapidaire lors des conclusions du World Wine Symposium organisé à Rome en 2009 : « La viticulture est un géant économique, mais un nain politique[18]. » Elle a beaucoup de mal à transformer sa valeur marchande en une force permettant de dépasser les divisions de chaque catégorie de vins. Pourtant, nous avons besoin d'une solide vision des enjeux et des nouveaux équilibres du marché, apte à piloter la nécessaire transformation de nos domaines viticoles en champions de l'exportation.

Car faire la liste des principes qui freinent tous les jours l'évolution de nos opérations relève d'une gageure. Jugez plutôt.

---

18. Dans *Le Figaro* du 5 novembre 2009.

L'exemple devrait venir d'en haut. Mais, sous les lambris dorés de la République, les fonctionnaires se succèdent dans un silence assourdissant. Résultat : les volontés politiques se succèdent et n'arrivent pas à relancer une machine grippée. Nous devons surfer entre les vagues et éviter de déplaire aux caciques du lobby anti-alcool. Mais tout de même. Intrinsèquement lié à l'art de vivre à la française, le deuxième contributeur de la balance commerciale française mériterait un peu plus d'égards de la part des plus hautes administrations.

Prenez l'Espagne, notre si proche voisin européen et concurrent redoutable. Depuis 1991, année du démarrage d'une organisation tonique de la production, une remise à plat du système de production a été orchestrée. La construction d'une hiérarchie des grands terroirs et l'impulsion d'une modernisation des techniques de vinification ont fait progresser considérablement le vin espagnol, qualitativement et quantitativement. À tous les niveaux, la révolution s'est mise en route. Les grands groupes ont progressé de manière éclatante et de nouveaux acteurs ultra-qualitatifs ont boosté le niveau des vins à des hauteurs exceptionnelles. Finalement, cette nation n'a pas hésité à bouleverser son cadre législatif et à inscrire le vin à son patrimoine national[19]. Depuis juillet 2003, le secteur vitivinicole espagnol est régi par un nouveau cadre juridique qui l'insère dans une très longue tradition et perspective historique. Ce statut tout neuf

19. Loi votée par les Cortes en 2003, visée par le roi d'Espagne Juan Carlos I et intitulée : « Ley de la Viña y del Vino 24/2003 del Ambito de aplicación y aspectos generales de la vitivinicultura ».

précise en effet que cette activité agricole fait partie du paysage et de l'identité nationale. Il va même plus loin en décrivant le vin comme un « aliment naturel ». Une qualification hautement symbolique qui permet de le distinguer légalement des alcools distillés et qui autorise de ce fait des campagnes de promotion du secteur viticole, de ses vins, de ses producteurs, de ses régions et de sa consommation modérée. Une façon élégante de soutenir la profession tout en sauvegardant l'éthique de santé publique. L'œnologue María Isabel Mijares confirme les efforts quotidiens de la classe politique ibérique : « Nous sommes soutenus par toutes les personnalités et par toute la classe politique. Le roi d'Espagne n'hésite jamais à venir nous prêter main-forte et préside très volontiers nos grands événements. » C'est loin d'être le cas en France.

À l'heure où notre pays observe non sans raison des dérives de *binge drinking*[20] impliquant la consommation d'alcools forts ou de prémix, nos législateurs feraient bien de s'inspirer de la démarche espagnole. Si la filière veut cultiver un peu d'espoir, recueillir une oreille attentive dans les ministères et envisager le bout du tunnel, il serait souhaitable que des signes tangibles viennent de temps en temps soutenir le travail des viticulteurs. Accompagner les changements nécessaires et souvent douloureux. Sans quoi, les tensions risquent de perdurer dans les régions les plus exposées.

---

20. *Binge drinking* : comportement repéré dans des populations jeunes vivant au Royaume-Uni et consistant à boire le plus vite possible des boissons fortement alcoolisées pour atteindre un état d'ébriété avéré. Un phénomène en phase d'expansion ailleurs en Europe. Même phénomène observé en Espagne avec le *botellón* et en Afrique du Sud avec le *Phuza Thursday.*

Certes, nous ne sommes pas sans recevoir de consignes ou d'obligations de la part de nos administrations respectives. Le sentiment général est que nous ne sommes pas les derniers à bénéficier des instructions de Paris. Le parcours de saut d'obstacle du vigneron désireux de vendre sa production se poursuit inlassablement. Nos autorités ne résistent pas au plaisir de légiférer sur le mode d'exposition et le merchandising de nos activités commerciales.

Prenons des exemples de vins qui cohabitent dans des catégories administratives différentes et qui sont pourtant issus de la même région de production... Appellations et vins de pays ont du mal à faire partie du même linéaire ou à se suivre sur une carte des vins. Nous sommes sur un même bassin de production, une même région, des cépages semblables, voire des vins millésimés, et pourtant nous sommes en présence de produits longtemps considérés comme incompatibles et ne pouvant pas cohabiter. Jusque récemment, il y avait risque de tromperie sur la marchandise et de confusion des genres. Autrement dit, hors de question de laisser le libre arbitre au consommateur. Imposons-lui une hiérarchie, perdu qu'il est dans un dédale de bouteilles. Et surtout, interdisons toute tentation du distributeur dans sa volonté d'animer son point de vente différemment et de faire son métier plus efficacement.

Là encore, obstacle à l'initiative individuelle et à la concurrence, le rayon des vins a longtemps été régi par des règlements qui ne permettent pratiquement aucune créativité... Nous sommes piégés par des instructions qui ont pu avoir leur justification en des temps lointains, mais qui n'ont pas vertu à préjuger des nouveaux comportements d'achat de nos concitoyens.

Le résultat est regrettable car nous avons perdu une source d'expertise considérable. Coincés par une profession qui regarde dans le rétroviseur, les hommes de marketing et d'innovation sont des oiseaux de mauvais augure. Nos compétences en matière promotionnelle ne sont pas suffisamment fortes. Leader mondial de l'activité viticole, nous devrions légitimement avoir en France les meilleurs experts en packaging ou de grands techniciens en merchandising. Nous devrions avoir développé les meilleurs praticiens de l'événementiel promotionnel. Nous ne les avons pas.

Nous devrions avoir des groupes de distribution ravis de mettre en avant le patrimoine viticole français. Ils ont des rayons de vins qui sont surchargés, compliqués à gérer et qui ne leur rapportent qu'une bien piètre rentabilité au mètre carré. Seule la passion de quelques responsables apporte un peu de souffle à un département sinistré et peu attractif en dehors des grandes foires aux vins.

Nous devrions savoir mettre en avant nos meilleurs atouts pour profiter du contexte positif du « boire moins mais mieux ». Pas du tout. L'œnotourisme en est à ses balbutiements. Le vin est interdit d'expression dans les grands médias de masse. Les visuels publicitaires sont édulcorés sur le territoire national et les annonceurs les plus dynamiques sont obligés de développer deux stratégies de communication, deux versions de la même campagne publicitaire, un luxe pour un secteur dont les budgets publicitaires sont déjà tellement limités. Tous les visuels publicitaires doivent suivre scrupuleusement les termes de la loi luttant contre l'alcoolisme, c'est-à-dire une interdiction de toute opération de communication « ayant vocation à convaincre d'acheter le produit par des méthodes intrusives, interstitielles ou incitatives». Autant dire qu'à l'international, toutes les sociétés importantes créent des visuels plus en rapport avec les conditions normales d'exercice de la communication et de la promotion.

En conséquence, ces règlements ferment l'accès à l'international aux plus petits opérateurs qui ne peuvent pas se payer le luxe de multiples créations de documents visuels et de supports promotionnels. Ils affaiblissent les tentatives de développement international. Ils rendent inaccessible la duplication de toute opération d'envergure et incertaine l'interprétation des campagnes publicitaires par les autorités. Il est bien difficile de bénéficier d'un pôle d'excellence en la matière sur le territoire français.

Rappelons un épisode savoureux : la menace d'interdiction de communication sur les réseaux internet qui a menacé la filière. La toile était devenue au fil des ans un étroit espace de liberté pour tout producteur de vin souhaitant accompagner son développement commercial. C'était un outil permettant de tenter d'exister et de se distinguer. Pour quelques milliers d'euros, une vitrine accessible sur un simple clic vantait les qualités d'une production. Elle proposait un catalogue en ligne, et il était même devenu possible d'avoir pignon sur rue et de vendre les meilleures bouteilles. C'est à ce moment précis que le législateur a commencé à observer la chose avec attention. Fort d'un usage en vigueur aux États-Unis, il avait été chaudement recommandé de faire démarrer tout site commercial de vins par une déclaration obligatoire d'âge. Il s'agissait d'empêcher les mineurs de surfer sur des images tentatrices de vieilles pierres, de toiles d'araignée, de tableaux austères de millésimes ou de notes de dégustation.

Mais c'était sans compter sur le zèle de nos législateurs. Le filtre installé en tête de ces sites ne suffisait pas. Une déclaration sur l'honneur ne pouvait constituer un rempart assez efficace aux comportements supposés déviants des jeunes. Cap fut mis sur une interdiction pure et simple de la communication. La montée en puissance de l'internet haut débit et du nombre d'internautes inquiétait les autorités. Il y avait là une exposition potentielle à un média devenu surpuissant et permettant subrepticement de détourner la législation. Appliquant strictement l'esprit des lois rédigées par le ministère de la Santé à une époque ou le web n'existait pas, nos décideurs ont mis le net au ban des supports de communication. Imaginez une activité commerciale dépossédée du média le plus prometteur jamais construit et surtout ouvert au plus indépendant et plus petit des producteurs. Réduire au silence du net le pays producteur le plus réputé fut un instant envisagé très sérieusement par les autorités, sous les regards ébahis de nos concurrents. Le raisonnement n'a pas résisté au principe d'universalisme de la diffusion du web à l'international. Une révision menée par les services du ministre Roselyne Bachelot a autorisé une communication à travers ce canal, à condition qu'elle reste informative et qu'elle ne soit jamais agressive : pas de pop-up, d'animation flash ou d'apparition en plein écran d'une publicité. Pourvu que l'on respecte une philosophie générale esthétique emprunte de grande sobriété, prohibant une allusion directe au plaisir de consommation, à un style de vie attirant ou à une ambiance festive, ce qui permet de sauvegarder un canal de communication construisant réputation et image[21].

Et ces exemples ne sont que la partie émergée d'un iceberg figeant toute créativité commerciale à la française. Nous semblons vouloir réduire nos ambitions au plus petit dénominateur commun ; nos écoles de management enseignent plus souvent ce qui n'est pas autorisé plutôt que de construire, rêver et imaginer le vin de demain. Pendant ce temps, l'Allemagne fait la promotion d'une exposition intitulée « Wein Sensorium », manifestation itinérante chargée de redynamiser l'attachement émotionnel des Allemands à leurs vins. Au Royaume-Uni, un site internet dédié à la lutte contre l'excès de consommation d'alcool a été lancé, cherchant à sensibiliser la population aux limites à ne pas dépasser et prônant un discours de responsabilisation individuelle. Une large réflexion sur un étiquetage intelligent des unités d'alcool consommées par verre est en cours d'application pour mieux avertir les consommateurs des volumes d'alcool à ne pas dépasser.

Résultat concret sur le terrain, nous accusons un retard édifiant et indécent face à nos concurrents chiliens ou australiens. J'invite tout un chacun à visiter n'importe quel grand magasin hors de France pour avoir une bonne idée du dynamisme de notre profession. C'est affligeant. Cherchez le linéaire le plus déprimant et vous trouverez à coup sûr l'offre fran-

21. Jacques Domergue (député UMP de l'Hérault) a réussi à inscrire dans un cadre législatif en juin 2009 une autorisation de publicité du vin par les producteurs sur internet dans le cadre du texte « Hôpital, patients, santé et territoires ». Un support de communication que la loi Evin n'avait pas imaginé à l'époque de la rédaction du texte.

çaise. Nos emplacements sont généralement les plus petits, les rayons sont les moins bien placés, nos étiquettes vieillissantes, surchargées, désuètes. Notre offre est dispersée et inconsistante. L'absence de marques puissantes françaises empêche de guider et de travailler une catégorie « France ». Qu'on le veuille ou non, le malaise commercial est profond.

Rappelons que le marketing est historiquement apparu sur le plus grand marché du monde, les États-Unis d'Amérique, pour faire face à une complexité croissante du marché intérieur. Les produits de consommation courante devaient s'adresser au plus grand nombre sur un vaste territoire étalé sur plusieurs fuseaux horaires, aussi grand et varié culturellement et climatiquement que l'Europe occidentale. Il s'agissait donc de mesurer la taille des marchés, d'anticiper les mécanismes fondamentaux de la demande, de planifier ses besoins en concevant au mieux le produit, sa composition, son maniement, son apparence et son prix. Et d'imaginer les outils qui permettraient de mettre en avant ses atouts maîtres face à la concurrence.

Dans le vin, nous sommes soumis aux mêmes contraintes du commerce international. Cette branche travaille à l'échelle de la planète et est soumise à une concurrence intense. Le tiers des vins produits dans le monde traverse les frontières et sera consommé ailleurs. La profession est structurellement en situation de production excédentaire. Il y a plus de vin à vendre que de consommateurs prêts à les boire. La pression des opérateurs du marché est intense dans la mesure où le marché mondial n'arrive pas à absorber l'ensemble des volumes produits chaque année sur la planète. En chiffres bruts sur les six dernières années, les quantités de vins non commercialisés à l'échelle mondiale sont estimées en moyenne à 28 millions d'hectolitres par an, c'est-à-dire plus de 11 % de la consommation mondiale. Ou, plus concrètement, un volume équivalent à près de 3,7 milliards de bouteilles non vendues.

Tableau 4

Degré de déséquilibre du marché mondial du vin en volumes

Estimation des excédents de production en millions d'hectolitres

ANNÉES	2005	2006	2007	2008 *à paraître*	2009 *provisoire*	2010 *prévision*
Production vinifiée	279,9	282,7	266,1	268,1	269,9	259,2
Consommation de vin	238,4	244,0	249,2	245,2	236,5	239,8
Écart production-consommation	41,5	38,7	16,9	22,9	33,4	19,4

Source : OIV octobre 2010.

Le contexte est des plus préoccupants et reflète l'intensité de la concurrence. Cet excédent global de production pèse mécaniquement sur le niveau des prix des vins proposés sur le marché. Il érode les revenus de la filière et met sous pression l'ensemble des acteurs. Une concurrence féroce s'organise autour d'exportations qui ont pour la première fois reculé en 2009 en volumes sous l'effet de la crise économique. Souvent parfaitement substituables les unes aux autres, les gammes de produit proposées sont fragiles. Elles manquent de personnalité, d'originalité, d'aspérités. Elles deviennent souvent le fruit de stratégies faites sur mesure pour des marques de distributeur. L'intermédiaire se substitue au producteur pour construire son propre univers en prenant soin d'éviter une concurrence frontale de ses clients. Le commerce se trouve délégué en aval et sans grande maîtrise de la part du producteur. Le système peut atteindre son apogée dans certains pays où un vin issu de la même cuve peut se retrouver sous différentes étiquettes, dans le seul but de personnaliser l'offre de chaque enseigne et ainsi contourner une comparaison directe des prix.

La compréhension du consommateur final pourrait être d'un grand secours en tentant de mettre un peu d'ordre et de sens dans l'offre. Mais il est trop souvent le parent pauvre. Pauvre en moyens dédiés à la recherche, l'innovation, le soutien, les études. Pauvre en méthodes spécifiques, tant il est difficile de mettre en équation une dégustation, un positionnement prix ou un terroir. Très souvent, les professionnels du vin manquent d'informations sur leurs clients, sur leurs mécanismes de décision, sur les évolutions gustatives de la gastronomie. Peu d'entre eux se posent la question et prennent des décisions au vu de l'émergence de nouvelles habitudes alimentaires, se soucient de concevoir des vins qui puissent être mariés avec la cuisine chinoise ou de vinifier un style de vin à consommer hors des repas. Ou comment introduire le rosé dans des pays qui ne connaissent pas cette couleur. L'intuition, la sensibilité, la subjectivité règnent en maîtres mais nécessitent un délicat assemblage de méthodes quantitatives en vigueur dans l'industrie alimentaire et d'analyses qualitatives tentant de capter l'esprit de nos bouteilles.

Trop souvent, le produit est déjà conçu et il lui faut trouver un débouché. Les cycles de la vigne pilotent la stratégie de l'entreprise. Les œnologues tentent de domestiquer un volume qui s'impose à eux, une matière vivante. La qualité des millésimes contrarie les meilleurs plans de bataille. Et si vous diagnostiquez l'émergence d'une mode favorable à la syrah ou au riesling, seuls certaines régions, quelques domaines ou négociants pourront en profiter en France.

Enfin, le métier a beaucoup de mal à accepter son côté structuré, industriel et prévisible. Il préfère jouer sur la corde sensible de la main de l'homme – les petites cagettes des vendangeurs, le tri manuel de la récolte, le soutirage à la bougie, la part des anges de l'élevage en barriques. Il y a une science très aboutie de la toile d'araignée dans les chais. Pompes, filtres et lignes d'embouteillage sont conservés à l'abri des regards pour éviter de faire penser à un univers aseptisé de laiterie. Et les machines à vendanger sont soigneusement bâchées au fond des hangars. Fervent défenseur d'un respect des cycles de la vigne et producteur de la Coulée de Serrant, Nicolas Joly fustige avec humour la logique de « l'AOC L'Oréal », un vin bien droit, bien net, sans défaut et apatride[22]. Mais pouvons-nous à l'inverse offrir au nom du terroir des vins de travers, pas nets, avec des défauts ?

---

22. Nicolas Joly, *Le Vin, la vigne et la biodynamie*, Paris, éditions Le Sang de la Terre, 2007.

Certains adoptent quelques réflexes de construction rationnelle et ordonnancée lorsque leur patrimoine entrepreneurial le leur permet. Sortant du lot, poussés par des forces que concentre leur vision, apportant une nouvelle lecture du jeu, travaillant dans une cohérence de comportement, certains vignerons sont remarqués, laissent une empreinte dans l'esprit des journalistes, des distributeurs et des clients. Ils sont habités par une force intérieure, et une petite musique se déroule qui va devenir les prémisses d'une marque. Une mélodie qui permet de les reconnaître et de les dissocier du reste des opérateurs du marché. Ils sont quelques dizaines de Français à avoir dépassé le stade de l'anonymat et à construire un authentique patrimoine de marque : Rothschild, Latour, Guigal, Chapoutier, Laroche, Blanck, Lurton, Jadot, Jaboulet, Perrin et quelques autres... Leur talent, leur volonté, leur ambition et leurs vins racontent une saga différente des autres, ce que le marketing aura pour mission d'éclairer et de résumer en une vocation simple et partagée par tous les collaborateurs. Ils pourront ainsi asseoir leur capital de marque dans un cadre exprimant clairement leur credo et concevoir un marqueur physique, un logo, un graphisme, une image, un discours. Sans ce capital de départ qui trouve une résonance aux yeux des clients, l'entreprise reste un acteur indifférencié et substituable à tout moment. Et encore plus sensible aux vents mauvais.

Des vents qui ont forci depuis quelques années et ont mis à mal la suprématie française. En l'espace d'une décennie, la part de la France dans les échanges mondiaux a diminué de 25 %. Un recul d'une exceptionnelle envergure. Au profit du Nouveau Monde qui, durant la période 2001-2005, a fortement pris l'ascendant sur la production hexagonale pour la dépasser ces dernières années. Et ce contrairement à l'Espagne et à l'Italie qui ont su trouver les ressources nécessaires pour résister et se maintenir sur l'échiquier mondial. Et prouver que la vieille Europe avait encore des cartes à jouer dans cette confrontation planétaire.

Tableau 5

Volumes exportés et part de marché mondiale : répartition des échanges par pays d'origine

	FRANCE	ITALIE	ESPAGNE	HÉMISPHÈRE SUD
Moyenne 1981-1985	21 %	35 %	12 %	1 %
Moyenne 1986-1990	29 %	29 %	11 %	2 %
Moyenne 1991-1995	22 %	29 %	14 %	5 %
Moyenne 1996-2000	25 %	24 %	14 %	9 %
Moyenne 2001-2005	20 %	21 %	17 %	16 %
2006	**18 %**	22 %	17 %	**19 %**
2007	**17 %**	21 %	17 %	**21 %**
2008 *provisoire*	**15 %**	20 %	18 %	**20 %**
2009 *prévisionnel*	**15 %**	22 %	17 %	**21 %**

Source : OIV.

La France est à la croisée des chemins. Soit elle entérine une situation dégradée de fait qui la condamne à se concentrer sur les marchés haut de gamme et à abandonner les forts volumes à petit prix : elle met alors l'accent sur les marques à forte image et investit massivement dans la qualité ; elle condamne les moins talentueux à sortir de la filière et les contraint à arracher des milliers d'hectares. Soit elle revient dans la lutte pour les premières places et construit une stratégie concentrée sur quelques produits phare et des processus de production collant aux besoins des marchés.

La redistribution des zones d'influence et l'intensité de la crise économique vont inciter tous les acteurs à réfléchir à de nombreux nouveaux paramètres qui vont bouleverser une fois encore le paysage dans les dix prochaines années. Citons notamment :

– l'impact de la réduction du pouvoir d'achat sur les ventes de vin dans les pays importateurs ayant une faible culture du vin ;

– les nouveaux formats de conditionnement (Bag-in-Box, Tetra Pack, verre allégé, vis…) ;

– les flux de produits en vrac destinés à être mis en bouteilles au plus près des zones de commercialisation ;

– la maîtrise du degré alcoolique dans les modes de consommation ;

– les changements climatiques et le style des vins.

Pour faire face à ces nouveaux bouleversements et écrire le destin de nos régions viticoles, il va falloir faire bouger les lignes et ne pas se réfugier dans des archaïsmes d'un âge révolu. Une telle révolution des esprits concerne aussi bien le grand sud que les régions plus réputées du Bordelais, du beaujolais et d'ailleurs. Trouver des réponses aux préoccupations environnementales, repenser les filières par grandes catégories de produit, retrouver des pratiques améliorant le capital végétal et la richesse des sols, envisager le rôle d'aménageur de l'espace agricole, considérer la dimension industrielle des investissements de la profession : autant de mutations que nos systèmes en place vont devoir permettre d'amorcer et de promouvoir.

CHAPITRE 4

Les illusions perdues du vigneron

*... Erreur de perception causée
par une fausse apparence*

La profession n'a pourtant pas attendu les bras croisés que le ciel lui tombe sur la tête. Elle a réagi à sa manière et avec ses moyens. Les vignerons ont cru pendant un temps avoir trouvé une martingale, une sortie par le haut pour assurer un revenu optimum de leurs activités. À consommation de qualité, nous allions répondre par un produit issu directement du producteur. Une garantie de qualité et un contact direct entre producteurs et consommateurs. La mise en bouteilles à la propriété était le dernier eldorado. Le temps est maintenant aux désillusions.

Revenons un peu en arrière pour comprendre. En Italie où tout a commencé. Au cours de la Renaissance.

Une région provoqua au XVIIe siècle une synthèse unique des arts et des sciences et déclencha une contribution majeure au développement des activités humaines en Europe : la Toscane et son épicentre, Florence. Cette région bâtira à cette époque une grande partie de sa réputation et de son rayonnement en sachant rassembler les meilleurs talents autour d'un certain art de vivre, de son sens de la fête, de son ouverture d'esprit et sur ses vins.

À cette époque d'une brillance exceptionnelle, le niveau de connaissance et de diffusion du savoir en Toscane avait atteint des niveaux insoupçonnables. Il suffit de se promener sur les bords de l'Arno pour observer encore de nos jours l'attachement des Florentins de la Renaissance à la maîtrise de leur environnement, à la beauté de leur cadre de vie, à l'harmonie des choses, à l'intelligente orchestration des formes et des couleurs. Et à l'intégration de l'homme dans la nature.

Ce fut aussi une époque où tout un chacun pouvait encore nourrir légitimement l'ambition de maîtriser un savoir encyclopédique et universel. Ce sera la dernière.

D'un bout à l'autre de la société, du maçon au négociant, du paysan au médecin, du boulanger au ferronnier, la richesse de l'éducation avait atteint des niveaux incroyables. La culture était un bien partagé par tous les acteurs de la société. Elle incluait la connaissance de nombreuses matières permettant une grande autonomie des individus. Un peu comme s'il était envisageable d'entreprendre raisonnablement de nos jours et en même temps des études aussi diverses que Polytechnique, Insead, Sciences Po, Langues O et les Beaux-Arts. Confrontés à une accélération des découvertes et des applications possibles, les élites des siècles suivants ne pourront plus tenter d'accumuler des connaissances sur l'ensemble du savoir, mais seront obligées de se spécialiser par sciences pour conceptualiser un monde de mieux en mieux analysé, mais aussi de plus en plus complexe et dense.

Au cours de la Renaissance, les plus puissantes familles exploitent déjà de grands domaines viticoles dont certains noms ont traversé l'histoire : les Médicis, les Borgia, les Frescobaldi, les Ricasoli, les Melini... Leur succès commercial hors des frontières régionales sera tel qu'il provoquera l'impérieuse nécessité de se prémunir de la concurrence au travers d'un cadre juridique que concevra le duc Cosme III de Médicis en 1716.

C'est à cette époque que, sur un simple feuillet, il va synthétiser les premiers concepts fondateurs régissant le monde du vin. Une sorte de « Déclaration des droits et devoirs du vigneron ». Quelques principes vont sceller et protéger les bases des plus vieilles règles du métier de producteur de vin. Ce sont quelques lignes très courtes, celles d'un décret appelé « Bando », qui proclame les trois conditions d'existence d'un vin issu d'un terroir florentin : les limites de son aire de production, les règles de sa commercialisation et la protection juridique du nom de l'appellation toscane du chianti. Cette trilogie fixe l'unité géographique, les conditions d'une concurrence loyale et le sentiment d'appartenance à une communauté économique unique. Les communes productrices du fameux chianti seront donc au nombre de quatre seulement (Castellina, Gaiole, Greve et Radda), terroirs de référence auxquels seront adjoints deux autres communes, Carmignano et Pomino, pour intégrer certains acteurs commerciaux incontournables. Naturellement, il ne s'agira pas simplement de technicité, mais aussi de protectionnisme et de rivalité régionale. La région ennemie de Sienne sera bien sûr jalousement exclue de cette nouvelle organisation professionnelle...

La Toscane, sous la plume de Cosme III, aura donc inscrit trois des jalons les plus importants de l'organisation viticole moderne. Ils influenceront de manière déterminante tous les autres aspects de la viticulture, y compris les plus contemporains. Le savoir universel promu par la société florentine, sa capacité à intégrer la complexité, le partage de la diversité culturelle et de l'apprentissage manuel contribuèrent à la diffusion de fortes compétences jusque dans les campagnes. Et concoururent à faire entrer les vignobles dans un cercle vertueux d'excellence.

Nos vignerons contemporains ne sont pas loin de se revendiquer de ces racines et de cette école du savoir universel datant de la Renaissance. Depuis plusieurs décennies, ils sont de plus en plus nombreux à songer à devenir des opérateurs complets, pilotant la filière de A à Z. Ils ont la volonté de cumuler toutes les facettes d'un métier protéiforme. Car, pour exercer cette profession, il faut au bas mot maîtriser six stades fondamentaux de l'élaboration d'un vin :

– cultiver la vigne et récolter ses fruits : la confrontation avec les éléments naturels ;

– piloter la vinification : les lois de la physique-chimie ;

– choisir son mode d'élevage : l'intuition et la création ;

– orchestrer son embouteillage : les processus de l'ingénieur ;

– animer sa commercialisation : le négociateur et le communicant ;

– gérer habilement le domaine : le quotidien et la vision à long terme.

Des métiers qui font appel à des talents et des connaissances de plus en plus sophistiqués, et difficiles à appréhender lorsque l'exploitation est de petite taille, chacun de ces aspects faisant appel à des ressorts différents.

Il faut à la fois être un bon technicien du matériel végétal, gérer les sols, savoir maîtriser la maturation du fruit, gérer les aléas climatiques. Être un peu alchimiste pour traiter juste ce qu'il faut ou redoubler d'attention si l'on s'adonne au plaisir du bio. Tailler pour ne pas se laisser envahir et offrir une surface foliaire optimale aux rayons du soleil. Choisir de vendanger en vert, de supprimer les entre-cœurs. Être un as de la mécanique n'est pas non plus inutile dans la mesure où les machines ont une fâcheuse tendance à tomber en panne le jour des vendanges ou au moment où il faut pulvériser avec soin... Pas simple. La vigne est une liane qui a tôt fait de vous fausser compagnie et de n'en faire qu'à sa guise. Déjà un métier en soi.

Ensuite, veiller aux différents stades de vinification, être un sorcier des cuves. Donner le top départ des vendanges par parcelle et gérer les réceptions du raisin, tel un aiguilleur du ciel. Éviter l'engorgement et la saturation en décantation. Savoir ranger les lots par appellation avec une précision d'horloger pour mieux les identifier. Puis suivre les fermentations et la lente transformation du fruit en nectar. Un ordonnancement réglé avec finesse et doigté pour une matière première fragile et sensible comme le lait sur le feu. Et sur laquelle il faut veiller de longs mois. Température, degré, pH, acidité, CO2... Le vin finit très vite en équation...

Mais ce n'est pas fini : il faut avoir suffisamment d'imagination pour anticiper le bon mariage. Avoir une vision du résultat que l'on cherche à obtenir. Quelle technique employer ? Quel assemblage ? Quelle intensité de passage en fût ? Quel type de tonneau ? Quelle chauffe ? Là, c'est l'homme de l'art qui est aux manettes, c'est sa capacité créative, sa vision et sa réactivité qui vont décupler le potentiel d'un vin ou le verser dans l'indifférence. Seuls ceux qui imaginent, qui projettent, qui ambitionnent, qui travaillent avec intransigeance la matière qu'ils ont réussi à transformer, qui renoncent parfois, qui osent ou qui apprennent des anciens, ceux-là seuls peuvent emprunter un chemin de traverse qui les mène vers l'excellence. On parle ici de synthèse, de style, de création, de sensation, d'intuition.

Certains pourraient penser que le plus dur est fait. Et pourtant, le parcours du combattant n'est toujours pas terminé. Reste le morceau de bravoure. Souvent celui qui est dédaigné. Qui reste hors du champ des caméras. Qui ne se visite jamais. C'est vrai qu'il n'est pas très glamour de suivre les méandres des lignes de production et de voir couler un si délicat breuvage dans des centaines de bouteilles. La technique est aux commandes. Notre exploitant endosse la blouse blanche de l'ingénieur et devient spécialiste de la mécanique des fluides, de l'électromécanique et des normes de qualité. En tant que responsable de production, il nous aligne performance, robotisation, traçabilité, contrôles, marquages en tous sens. Un processus qui doit à la fois respecter les qualités du produit, lui donner son habit définitif et le protéger des outrages du temps. Tout un symbole.

Restent encore deux étapes avant de terminer la journée du producteur... Il faut partir avec ses échantillons sous le bras ou attendre le chaland. Question de caractère. Mais surtout, notre producteur doit définir sa stratégie, un peu comme nos Florentins décidés à promouvoir leur chianti. Car surgissent de toutes parts des questions à propos du mode de distribution, du design, du prix, des conditions de vente. Et puis, on nous demande de raconter une histoire. Les clients sont friands d'anecdotes personnelles afin de mettre un peu de chair autour de la bouteille. Le vin est un produit de contact et de convivialité. Le vigneron doit raconter un conte à l'ombre des fûts. Et à l'heure de la médiatisation et de la communication à outrance, il faut aller droit au but et marquer les esprits. Il faut dire qu'il y a du monde sur le marché, et qui revendique une qualité de résultat remarquable. Donc, comment se différencier, attirer l'attention, être meilleur et/ou différent ? Pas facile après une journée passée à régler le quotidien d'une exploitation.

J'ai gardé le meilleur pour la fin. En nocturne. La gestion. Notre producteur se doit d'être aussi un manageur. Car il a bien des obligations, comme tout entrepreneur, mais peut-être plus que les autres car il est à cheval sur beaucoup de domaines différents : agricole, industriel, commercial, patrimonial, fiscal, social... Il est l'interlocuteur de la DGCCRF (Direction générale de la concurrence, de la consommation et de la répression des fraudes), des Douanes, du ministère de l'Agriculture, des chambres régionales, du ministère de l'Environnement, des Finances... Administrativement, le fait de « manipuler » des liquides contenant un degré d'alcool pèse lourd. Il lui faut donc une bonne dose d'abnégation et d'énergie pour ne pas s'épuiser face aux lourdeurs de la gestion d'une entreprise viticole.

Et pourtant, ce tableau assez noir n'effraie pas tant que cela. Ils sont toujours plus nombreux, ces producteurs, à se lancer dans l'aventure de « la mise en bouteille ». On estime qu'un tiers des propriétés françaises cultivant de la vigne succombe aux charmes de la mise en propriété. Cela représente au bas mot 40 000 domaines différents. Imaginons un instant qu'en moyenne ils fassent cinq vins différents : nous sommes face à 200 000 vins différents... et par millésime. Impressionnant.

À l'heure où tous les cycles s'accélèrent, où la consommation de vin change de dimension et gagne de nouvelles générations, il est une gageure de penser réussir à imposer un mode de fonctionnement aussi complexe. En avançant en ordre dispersé, nous flattons notre ego gaulois, mais ne construisons pas une filière efficace. En multipliant les appellations, nous ancrons nos terroirs dans de fortes traditions mais oublions que notre public est bien dans l'embarras pour situer nos appellations sur une carte. Qui sait où se trouve précisément le picpoul de pinet, le fixin, le montravel, le cerons ? L'initiative de promouvoir le nom « Sud de France » a au moins eu la vertu de surfer sur deux valeurs claires pour tout le monde, tentant d'embarquer de manière audacieuse tout un pan de la viticulture vers la Méditerranée.

Bénéficiant de sa liberté d'entreprendre, le producteur a bien raison de vouloir intégrer « verticalement » tout son savoir-faire, mais il sous-estime les champs de compétences à appréhender. C'est tout à son honneur de vouloir laisser un témoignage personnel de son travail. De signer ses bouteilles. Mais quelle énergie pour tenter d'émerger, d'exister et de viser juste dans un volume de compétences si vastes à maîtriser.

Sans compter le risque financier. Même les appellations les plus prestigieuses ne sont pas à l'abri des vents mauvais. L'Association champenoise de gestion estime qu'un tiers des exploitations de champagne vont être impactées par la très sévère crise économique de 2009. Seront particulièrement exposées les structures ayant opté pour des investissements en matière d'embouteillage et de vente en bouteilles. Car la course à l'individualité des activités viticoles sert beaucoup d'intérêts locaux. Équipementiers, fournisseurs, conseils, banques se succèdent au chevet de dirigeants bien en peine pour dégager le bon grain de l'ivraie. La tentation est grande d'intégrer l'aval. Les marges de la commercialisation semblent un éden à portée de main. Les clients piétinent d'impatience. Mais l'exportation est un art difficile et capricieux... Et l'endettement s'alourdit progressivement. Les charges s'amoncellent et l'exploitant perd de la visibilité sur ses espoirs de conquête de parts de marché. N'ayant ni de grands moyens ni beaucoup de temps à consacrer à la présence sur le terrain, seul moyen de comprendre et d'analyser, il va au mieux trouver un partenaire efficace, avoir du mal à gérer ses marges ou, au pire, se battre pour se faire payer.

Apposer sa signature sur une bouteille peut se révéler un chemin bien escarpé. Le nombre de compétences à maîtriser laisse penser qu'une aventure individuelle a de moins en moins de chances de réussir. Non seulement les exigences qualitatives et les normes de production vont considérablement durcir les conditions d'exploitation, mais encore le marché ne pourra pas éternellement reconnaître les vertus et charmes du petit producteur. Les gourous d'une alimentation parfaitement tracée, contrôlée, mesurée, imposent une réglementation millimétrée et une avalanche de normes qui condamnent à terme une grande partie de l'artisanat viticole.

Beaucoup plus d'illusions à perdre que de parts de marché à gagner.

Six métiers sur les épaules d'un seul homme et pour vendre une simple bouteille de vin : une gageure en ces temps complexes... Et un écueil majeur au moment de tenter de tracer une route, un cap, une identité à une région.

Chaque acteur apporte sa propre lecture et contribue à la fois à la diversité, à l'hétérogénéité et au manque de repères des clients. En multipliant les sites d'embouteillage, nous ne rendons pas service à une filière déjà passablement diverse et variée. Elle ne fait que brouiller les cartes et contribuer à une qualité irrégulière d'une même région. À trop vouloir embrasser de métiers, le vigneron perd le fil de son action et surtout le sens collectif du terroir.

Car les variations de la qualité des vins sont sources de multiples reproches. Au-delà de la variété des origines, c'est le caractère aléatoire du résultat découvert à la dégustation qui déstabilise. Et devient l'une des questions les plus essentielles de notre métier. Le mal français serait connu et dénoncé depuis longtemps. Nos vins auraient deux défauts déconcertant la clientèle : la première concernerait la cohérence de la production d'une région, la seconde concernerait la régularité des résultats d'un même domaine viticole...

L'hétérogénéité des résultats de la production d'une région donnée est un fléau terrible. Il met par terre tous les efforts collectifs de gestion de la catégorie de produit. Comment faire confiance à une appellation si elle ne garantit pas un certain niveau de résultat, un air de famille distinctif ? Comment attribuer une belle image de marque à une origine géographique si elle contient d'importantes variations de perception qualitative ? Que cela nous plaise ou non, l'art et l'inspiration font place à la norme, le processus et le déterminisme. Si tant est qu'il ait existé, le vigneron qui laissait la nature faire son travail et le terroir s'exprimer librement n'est plus le mieux armé pour répondre au marché. L'heure est à la maîtrise, au contrôle et à l'anticipation. Avant d'être vendangé, le vin est d'abord le reflet du regard de l'homme sur le fruit de ses vignes. Il sera tel que l'imagine et le prépare l'œnologue, tel que le marché le demandera. Comme pour d'autres activités humaines, il est urgent de se consacrer à la conception, à la préparation et à la correction du résultat final. Et entendre les attentes, les réclamations et retours du terrain.

Michel Chapoutier, dirigeant de la maison éponyme située dans les méandres du Rhône, a encore dénoncé récemment le fait que 20% des vins commercialisés par les régions de Bordeaux, ou encore les côtes-du-rhône, étaient retoqués par le Suivi aval qualité[23] et que nos vins souffraient d'une sous-qualité. La France est notoirement le mauvais élève comparé aux performances de la concurrence. Les marchés les mieux organisés nous signalent régulièrement nos approximations et dénoncent notre manque de réactivité face aux remarques du consommateur. Il nous faut provoquer une véritable prise de conscience, voire importer les techniques de contrôle de l'agroalimentaire. Accepter des normes de production unanimement reconnues comme les plus performantes ne ferait pas de mal à la filière, l'aiderait à définir ses processus les plus efficaces, à se comparer à d'autres activités humaines.

Car, au-delà de la région, c'est dans chaque exploitation que débute l'exigence de qualité, l'hygiène et la

23. Système de prélèvement d'échantillons de vins commercialisés (déclaration au quotidien *Sud Ouest* du 20 octobre 2009).

sécurité, l'investissement dans des sites de production modernes, la diffusion de la culture du travail bien fait et régulier. La quête d'un produit conforme aux standards exclut les toiles d'araignée, le désordre et les sols irréguliers... Sûr qu'un standard dans le vin n'est pas facile à définir et à imposer. Le millésime vient tellement bouleverser la donne. Pourtant, ce devrait être une nécessité absolue. Face à une matière première qui nous échappe et varie d'une année à l'autre, la préoccupation première devrait être de conduire les processus avec une précision de métronome. Précisément pour maîtriser les fausses notes fournies par la nature.

Prenons des exemples concrets. Pour parler de qualité, et au-delà des discours emprunts d'effet de manche, il faut engager des moyens. La qualité suppose des outils de contrôle au plus près des sites de production. Cela suppose de définir une politique d'investissement permettant de monter des outils d'analyse au sein des chais de vinification. Il paraît légitime que de nombreux domaines soient munis d'appareils de mesure performants et emploient un personnel formé à leur manipulation. Que les équipes d'œnologues soient autonomes et fassent eux-mêmes la plupart des tests. De très nombreuses décisions sont à prendre souvent dans l'urgence et il est assez délicat de confier cette tâche à des sous-traitants. Quel est le nombre de sites français dotés d'équipements scientifiques permettant de mesurer et de livrer des informations en temps réel sur des échantillons de vin ? En France, sur 40000 metteurs en bouteille, seuls 250 sites de production sont munis de machines d'analyse spectroscopique[24].

---

24. Source : Foss France.

Même constat pour les certifications de processus de qualité. Pour obtenir des résultats positifs lors d'examens de certification de qualité, beaucoup d'investissements sont nécessaires pour être déclaré apte à recevoir une validation des processus de qualité (séparation des zones de production, normes de contrôle, températures contrôlées, hygiène, environnement, conditions de travail...). Suivre les meilleures certifications européennes en matière de suivi qualité a un coût. C'est aussi l'occasion d'appliquer des méthodes reconnues comme les meilleures pratiques, «le meilleur de l'art et des techniques» à un moment donné. Les entreprises viticoles françaises certifiées par les normes Qualité du BRC[25] sont à peine plus d'une centaine en France, alors que c'est un prérequis pour exister efficacement au Royaume-Uni...

Certes, certains préféreront s'en remettre à leurs instincts et à leur habileté. Et trouveront nos auditeurs en certification collés à leurs manuels et à leurs critères d'homologation bien loin du réel. Ils trouveront également qu'il ne faut pas exagérer les exigences et les contraintes. Qu'il suffit d'éditer une charte et de se passer de contrôle interne au nom de la confiance. Qu'un vin ne livre pas ses secrets à une machine électronique ou à des classeurs de paperasse. Mais il est difficile de ne pas reconnaître qu'un partage des meilleures méthodes de production est un chemin vers le zéro défaut.

De son côté, le consommateur a des attentes assez simples. Il veut une offre claire, une dégustation limitée à trois ou quatre vins bien distincts, un

25. British Retail Consortium (BRC) en décembre 2009, l'équivalent britannique des normes de certification Qualité ISO.

discours simple. Il veut pouvoir retrouver chez lui le producteur qu'il a connu en traversant nos régions. Il n'est pas un expert en vins et ne consacrera qu'un temps limité pour trouver la cuvée de ses rêves. Cessons de l'assommer avec un discours complexe de spécialistes. De l'asphyxier avec douze vins différents dégustés à marche forcée. De déguster des vins non finis au-dessus des tonneaux. Il n'aura pas la patience d'attendre cinq à dix ans avant de déboucher sa dernière trouvaille. N'oublions pas que plus de 80 % des bouteilles vendues seront bues dans les trois jours qui suivent l'achat... À moins qu'il ne s'agisse d'un cru fameux...

Mais le vin français, c'est aussi Clochemerle... Surtout Clochemerle, diront certains. Il faut dire qu'ils ont commencé tout petits, nos vignerons. Déjà, dans la cour de l'école, ils se disputaient les sacs de bille... Ça laisse des traces.

Résultat : la profession part au combat en ordre dispersé. Chaque bassin de production veut jouer sa carte personnelle. Il n'est qu'à voir les grands salons internationaux du vin. Et lors de la London Wine Fair 2010 les Français n'ont pas failli à leur réputation.

Tous les pays sont rangés en ordre de bataille derrière l'étendard de leur pays. Un message unique et simple pour ne rater aucun visiteur. Les stands d'exposition sont à l'instar de la culture locale supposée : les Italiens font dans le design local, les Espagnols dans la blancheur des moulins castillans, les Chiliens cultivent leur carménère, les Argentins sont postmodernes, les Australiens forcent le trait du nouvel eldorado et les Néo-Zélandais portent les couleurs des All Blacks.

Où sont les Français ? À la fois au centre et partout. Un peu de toit bourguignon par-ci, les Alpes par-là, l'Alsace au milieu, la Loire à gauche, le Languedoc au fond... Chaque territoire y va de sa touche personnelle, dans une cacophonie et une dilution impressionnante de moyens. Nos hôtes anglais observent la scène avec délectation. Ils n'en pensent pas moins : « Il y aurait une forte stimulation en adoptant une approche commune, plutôt que cette obsession des Français à se battre entre eux. Pour le moment, les campagnes régionales françaises semblent ciblées contre les autres régions du pays plutôt que contre le reste du monde », remarque Neil Bruce, dirigeant de la section vins de l'importateur anglais Waverley TBS.

En laissant s'exprimer la diversité française et les querelles de clocher, la France fait exactement l'inverse de ce qu'attend le marché. Là où il y a besoin impératif de réponse unique et puissante, nous pensons que le génie et l'initiative individuelle trouveront les clefs du marché. Là où nous souhaitons une action concertée et cohérente, chacun reste persuadé qu'il va pouvoir exploiter la situation à son profit. Au lieu de mutualiser les gains, nous pensons être plus malins que le voisin et remporter la partie. Et nous encaissons les pertes.

De fait, la filière tente de s'organiser. De gré ou de force. Et cette restructuration est inéluctable.

Avec le ralentissement de la consommation intérieure, de nombreux sites de production individuels se sont retrouvés en grand danger. Obtenir de nouveaux débouchés à l'export n'est pas simple pour un acteur solitaire. Remplacer un client français par un partenaire étranger rime avec deux impératifs que la filière de production ne voit pas du tout d'un bon œil : investir dans des moyens commerciaux pour se faire une place sur le marché et baisser le prix moyen de sa bouteille pour rémunérer les intermédiaires. D'un seul coup, il faut remplacer une rente de situation (la prime à l'origine nationale) par une stratégie de conquête. Malheur aux producteurs qui ont fait crédit à leurs vieux réflexes. La violence des vents de la concurrence a vite surpris et désemparé les commerciaux sur le pont. Il faut dire que le Nouveau Monde avait eu le temps de s'entraîner et de préparer ses arguments. Portés par une stratégie de promotion du pays tout entier (l'Australie et pas Margaret River, le Chili et pas Colchagua, l'Argentine et pas Mendoza…), par une organisation simple par cépages, par la création de produits à forte identité, par une concentration des moyens de promotion, ils ont trusté les premières places des vins internationaux en peu de temps.

Résultat : pour ceux qui ne sont pas protégés par la notoriété et le prestige d'un nom, qui sont obligés de se battre sur le front des prix, le constat est unanime. Un hectare de vigne sans profil particulier coûte au minimum 4 500 euros à exploiter en viticulture intensive. À ce jour, les meilleures performances de vente en entrée de gamme de vins rouges génèrent un chiffre d'affaires à l'hectare de l'ordre de 4 300 à 4 800 euros dans le sud de la France. Le compte n'y est pas… Les affaires ne sont donc pas si simples…

À Bordeaux, dans une région réputée d'AOC, le paysage n'est pas plus brillant. Un exploitant explique que les cours du millésime générique 2009 sont achetés à 700 euros le tonneau alors que son prix d'équilibre se situe plutôt aux alentours de 950-1 050 euros.

Rien d'étonnant à ce que la concentration s'organise. Sur l'ensemble du territoire français, il « existe » un noyau dur de 733 opérateurs[26], qui représentent à eux seuls 80% de l'activité de la sphère vitivinicole. Les vignerons se sont eux-mêmes regroupés au sein de 780 caves coopératives qui assurent les débouchés de près de 50% des vignerons français. Le regroupement des forces devrait nous amener plus facilement vers une industrialisation de l'aval. C'est-à-dire organiser la commercialisation comme un plan de bataille, avec une phase de conception longue et millimétrée, une validation des grands principes avec les intermédiaires, une concentration des moyens sur quelques buts précis et un déploiement fulgurant sur le terrain. Des commerciaux aguerris et passant du temps sur le terrain sont indispensables, sachant que la plupart des organisations françaises n'ont pas implanté de forces commerciales locales dans les pays.

De l'aveu de l'ensemble des opérateurs, les moyens sont très insuffisants pour animer les marchés. Là où d'autres activités dépensent 10 à 20% de leur chiffre d'affaires aux promotions, la France réussit péniblement à leur consacrer 3 à 5%. C'est notoirement insuffisant. Inexistant.

Et puis, il faut aussi passer à une étape où le vin n'est pas un produit qui s'inscrit dans le marbre, mais qui évolue au gré des tendances, des envies, des goûts des consommateurs. Comme toute autre activité, le vin a un cycle de vie, des périodes d'euphorie. Toutes les régions ne voguent pas au même rythme. Voyez les modes du muscadet ou du saumur-champigny. Il faut savoir les gérer, dans les périodes d'allégresse comme de vaches maigres.

---

26. Étude de l'Agro Montpellier, en coopération avec la filière, financée par Viniflhor et le Crédit agricole (2006).

Car ce serait sans compter avec l'aptitude de la France à sauvegarder sa chère «complexité» et à la diffuser dans l'organisation des entreprises. Il est navrant de constater que la gestion administrative monopolise souvent plus de ressources financières que les forces commerciales, et ce en raison de la lourdeur et de la complexité des processus de traitement à transmettre en sortie de chai. La liste des exigences d'un autre âge semble longue et pesante à l'heure de l'internet haut débit et de l'interconnexion des systèmes d'information. Les capacités consacrées aux fonctions support seraient bien plus vitales pour assurer l'entretien du dynamisme commercial et la conquête des clients. Que ce soient les coopératives ou les sociétés privées, toutes sont unanimes pour déplorer le faible niveau d'investissement réservé à des activités marketing et commerciales efficaces. Et d'indiquer que c'est le poste pour lequel il faudrait apporter plus de ressources et de dynamisme à l'avenir.

Le vigneron aux vies professionnelles multiples et à l'indépendance chevronnée a beaucoup de charges sur les épaules. Il lui faut une énergie hors du commun pour mener de front les six dimensions du métier. Générer de l'efficacité dans toutes ces dimensions ainsi que les ressources financières adéquates est un sacré défi à relever. Détenir individuellement un savoir universel dans une profession qui doit prendre le chemin de l'innovation et de la conquête des marchés est devenu une tâche difficile à assumer. Il a peu de chances de sortir vivant de la confrontation internationale qui se déroule sous nos yeux. Complexe et spécialisé, le monde va de plus en plus vite et le vin n'y échappe pas. L'illusion de l'indépendance risque d'apporter son lot de désolation et se révéler très désappointant.

Chasser en meute relève alors du réflexe de survie. Une démarche réfléchie et prudemment orchestrée est à méditer. Comme le suggère un vieux proverbe africain, un homme ne peut pas construire sa maison tout seul, mais dix hommes peuvent construire dix maisons.

CHAPITRE 5

Les arcanes de l'administration

... Préparations mystérieuses réservées aux adeptes

L'administration française et les institutions ont doté l'activité économique du pays d'un arsenal de législations, réglementations, conventions et directives diverses et variées auquel le vin n'a pas échappé. Loin de là.

Bien au contraire, le breuvage divin a été l'objet de toutes les attentions. Au sein d'une trilogie agraire « céréales, élevage, vignes », il est l'élu, celui qui se voit chargé de procédures multiples et en tous genres. Dans le système agricole hexagonal, il serait porteur de tous les péchés et turpitudes de l'âme humaine et voué à être une activité ultra-réglementée. L'opérateur vitivinicole est *a priori* considéré comme un maquignon qui fraude et ne respecte aucune loi. Aurait-il été autant crucifié s'il n'avait plongé ses racines professionnelles dans la chrétienté ?

À ce titre, nous aurions tendance à esquisser cette complexité administrative très lourde à gérer au quotidien sous l'angle de la « double peine ». Double peine, car la filière a reçu en héritage deux systèmes de pensée qui se superposent et condamnent à subir à double titre un cadre administratif précis.

Nous devons être doublement vertueux car nous produisons et transformons non seulement du raisin, activité de base, mais encore nous produisons par voie de conséquence de l'alcool. Voici donc une terrible dualité qui déchaîne les passions. Nous sommes donc suspects à deux motifs. Ce qui nous rend éligibles à présenter des comptes à de multiples organisations dont la liste relève d'un inventaire signé Prévert...

Au XXIe siècle, il est assez difficile pour un non-initié de concevoir le parcours du producteur de vin français. Un parcours paradoxal et semé d'embûches. Nous nous considérons un pays somme toute libéral et vouant un culte à la libre entreprise. L'initiative individuelle est présentée comme une vertu cardinale. Le marché est décrit comme le grand arbitre des activités marchandes. Pourtant, l'une des productions emblématiques du pays est pour le moins excessivement normalisée. Avec des effets pervers redoutables pour le secteur agricole...

En figeant bien des paramètres, nous sommes en train de perdre nombre de tournants stratégiques.

Prenons un exemple récent. Le bio. La France est considérée comme le pays de la gastronomie. Le référent absolu. Nous sommes enviés par le monde entier pour notre variété de produits, le marché de Rungis, les produits de saison, la recherche du goût... Et pourtant, nous sommes en retard dans le développement de l'agriculture biologique.

Prisonniers d'un système d'exploitation intensive des surfaces cultivées, les acteurs ont du mal à adopter un mode de production basé sur le réflexe du « moins mais mieux ». Moins de volumes mais une qualité améliorée apparaît comme un paradigme complexe à mettre en place. Et nous nous apercevons que l'administration est bien en peine pour prendre l'initiative et faire office de moteur d'évolution des mentalités.

Les chiffres de l'implantation du bio dans le monde agricole en 2008 illustrent notre manque de réactivité : en Allemagne, 5 % des surfaces agricoles utiles sont déjà passées en agriculture biologique. En Italie, le taux monte à 9 %. La France arrive difficilement à se hisser à 2,6 %.

Résultat, nous sommes obligés d'importer des produits biologiques pour répondre à la demande de citoyens de plus en plus sensibilisés aux questions environnementales. Sur un sujet aussi sensible, nous voyons des administrations avoir beaucoup de mal à sauter le pas, promouvoir et inciter à adopter des normes de type biologique dont les rendements sont 20 à 40 % moins élevés que les performances en vigueur. De ce fait, nous continuons à employer de manière disproportionnée un volume important de produits dédiés au traitement de la vigne : jusqu'à 50 % du total des produits en circulation dans le monde pour une part de 17 % des surfaces plantées sur la planète.

Dans le métier du vin, le bio accuse un grand retard. Les surfaces exploitées en viticulture biologique ne représentent que 40 000 hectares, soit moins de 5 % de nos vignobles. Le concept doit encore parcourir un temps de gestation administrative important, écartelé entre les apôtres du bio pur, de la biodynamie et de la culture raisonnée. Au stade actuel, on peut simplement dire que le vin bio n'existe pas à proprement parler. Il n'a pas de réalité officielle reconnue. Le vigneron peut tout au plus revendiquer l'emploi de raisins issus de méthodes agricoles biologiques. Mais la transformation du vin n'a pas encore fait l'objet d'une réglementation précise sur les usages considérés comme pouvant supporter l'attribut « bio ». À l'inverse des États-Unis qui ont immédiatement flairé le filon et adopté une norme biologique pour l'ensemble des opérations liées à la production et à l'élaboration des vins. Notre retard ménage un flou important sur les méthodes et les gestes pouvant être considérés comme admis par la communauté professionnelle. Seule une compatibilité servant de socle aux adeptes du « bio » pourra déclencher une diffusion plus large, compatible avec des investissements à long terme et l'adoption d'une certification reconnue. L'administration a bien du mal à suivre les rythmes d'une vie économique qui bouge très vite et prend des formes de plus en plus diverses et variées.

Autre cas de figure instructif : imaginons un célèbre acteur français passionné par le vin – les exemples récents abondent. Il possède une jolie propriété de 20 hectares dans une contrée reculée de France cernée de terres agricoles joliment ourlées de coteaux. Le climat est doux et certains augures lui vantent les vertus du réchauffement climatique et une nécessaire réflexion sur la transformation des pratiques de son exploitation agricole. Quelle aubaine...

Cet illustre comédien voit germer l'idée d'associer sa passion du vin à ses terres. Il se voit déjà planter de la vigne, observer le cycle des saisons, le débourrage, la véraison... Supervisant les vendanges et attendant patiemment que les vinifications produisent leur première ébauche de vin. Associant sa notoriété avec un vin de qualité, il ose même imaginer un succès commercial.

Hélas, et avec une très forte probabilité, ce rêve ne pourra pas aboutir en France. Tout simplement parce que la plantation de nouvelles vignes n'est pas libre dans notre pays. Vous ne pouvez pas décider de votre propre initiative la création d'un vignoble.

L'administration veille au grain en consignant soigneusement tout mouvement de pied de vigne, qu'il s'agisse de planter ou d'arracher. Une politique menée avec une patience de bénédictin agrémente tous ces gestes agraires de règles, de droits, de primes et de subventions ultra-sophistiqués. Nécessairement très contrôlés. Il ne faudrait pas qu'une main arrache alors que l'autre plante… Autrement dit, il vous faut obligatoirement obtenir le blanc-seing des autorités, c'est-à-dire un «droit de plantation», ce qui limite vigoureusement toute créativité spontanée. Vous ne pourrez ni planter les surfaces que vous souhaitez, ni choisir les cépages qui vous plaisent.

Vouloir exploiter du riesling ailleurs qu'en Alsace n'est visiblement pas souhaité à n'importe quel prix. Planter de l'albariño, un cépage blanc qui produit des vins fins et vifs très en vogue en Espagne, n'est toujours pas autorisé[27]. Il est bon de savoir qu'en majorité, le système renouvelle l'existant, encadre l'innovation et ne promeut quasiment aucune nouvelle surface, ni nouveau cépage, correspondrait-il à une forte demande. Si l'envie vous prend de créer une exploitation viticole, il vous faudra donc obtenir soit des surfaces déjà plantées, soit des droits issus d'arrachage… Pas une mince affaire. Même si ce pourrait

27. Le CTPS (Comité technique permanent de la sélection des plantes cultivées) s'est prononcé le mardi 8 juin 2010 pour l'inscription au catalogue du cépage espagnol albariño. Cette décision doit maintenant être entérinée par le ministère de l'Agriculture et faire l'objet d'un arrêté publié au Journal officiel (source Vitisphère du 10 juin 2010).

être le plus court chemin pour créer de nouveaux domaines bio.

À titre comparatif, en Australie ou au Chili, un homme d'affaires peut décider du jour au lendemain de planter 1 000 hectares et prend le risque entrepreneurial à titre individuel. Il en endosse la responsabilité et la charge financière. À lui de réussir la commercialisation de sa production. Ou de disparaître.

Le système est donc particulièrement bouclé et d'une précision chirurgicale.

Les trois exemples qui suivent soulignent la difficulté à innover.

Si l'esprit d'entreprise est particulièrement surveillé et soumis à une déontologie sourcilleuse, il en va de même pour l'initiative privée. Intéressons-nous à un cadre familial et privé.

Passionné par la vigne et séduit par le graphisme végétal d'un vignoble, vous souhaitez créer un domaine ornemental sans but lucratif au fond du parc de votre résidence secondaire... Il vous sera fortement déconseillé de planter du chardonnay ou du pinot noir, et vous risquez de voir un jour sonner à votre porte le service des... Douanes, chargé comme chacun le sait de vérifier l'encépagement des vignes de nos treilles privées.

Voyons maintenant les initiatives veillant à faire renaître les vignobles d'antan.

Vous êtes un chercheur et vous découvrez des traces d'activité viticole dans une région française d'où elle a complètement disparu. Elle représentait jusqu'à une surface estimée à 24 000 hectares plantés sur des pentes parfaitement orientées autour de fleuves du nord de la France. Une charte de qualité est retrouvée, datant de 558 après Jésus-Christ, et signée par Childebert Ier. Des noms de rues témoignent de cette activité viticole. Vous décidez de planter 5000 m² de chardonnay et de pinot gris dans cette région historiquement reconnue. Malheur à vous si vous décidez de vendre vos quelques bouteilles de vin… L'administration risque de tuer dans l'œuf votre initiative. Pourtant, nous sommes en Île-de-France, fief de nombreux témoignages de parcelles à Argenteuil, Sannois, Rueil, Issy, Saint-Cloud, Puteaux, Suresnes, Clamart, Montmartre[28]…

Enfin, voyons jusqu'où l'administration entre dans l'intimité des parcelles de vigne…

L'intégralité des surfaces plantées françaises est répertoriée dans un immense fichier informatique géré par les services du ministère des Finances situé à Bercy. Cela représente au bas mot plus de 800000 hectares, qui sont inspectés au pied de vigne près. Car vous ne pouvez pas planter au hasard ou selon les besoins du marché. Vous devez vous conformer à des spécifications bien précises définissant tous les paramètres de votre vignoble et surtout, ne pas dépasser les limites… Au risque de vous faire verbaliser, condamner à payer une amende et à arracher les plants de vigne plantés clandestinement. En comptant chaque pied de vigne, le ministère des Finances tente de régulariser les quelques situations abusives et vignes illégales réparties un peu partout en France. Il a offert en 2009 une amnistie moyennant une contravention par hectare mal planté…

Dans une économie du vin qui souffrirait d'une offre insuffisante, avec des déficits de production importants, une recherche désespérée de volumes

28. La fête des vendanges de Montmartre attire néanmoins 500000 visiteurs chaque année, en souvenir d'une époque révolue.

supplémentaires, la logique pourrait se justifier. Mais dans un contexte où près de 10 % des volumes mondiaux produits ne trouvent pas d'acheteur, où les contrevenants représentent quelques centaines d'hectares d'après le ministère des Finances, où les droits de plantation sont très contrôlés, le caractère pointilleux du comptage des pieds de vigne semble un peu excessif et relever de la recherche de l'aiguille dans une meule de foin.

Un simple calcul arithmétique des surfaces plantées fait apparaître un volume de près de quatre milliards de plants à vérifier... Un travail de titan, qui se faisait presque à la main il y a encore quelque temps. Heureusement, l'informatique monte en puissance et va permettre une récolte des données plus aisée et rapide. Le premier fichier de télé-déclaration de récolte, qui a vu le jour en 2010, va enfin alléger le travail de scribe de nombreux vignerons. Toutes ces données alimenteront le très courtisé Casier viticole informatisé, véritable sésame de l'observation du monde viticole. Un fichier auquel on a donné le nom de « casier », preuve que nous ne sommes pas loin du monde judiciaire.

Arracher, replanter. Une activité que l'administration tente de réglementer au gré de politiques agricoles censées donner du sens à l'action de nos vignerons. Cela peut aboutir à des situations ubuesques, où la main dûment subventionnée et indemnisée qui arrache un plan de vigne peut un matin être incitée à replanter. C'est ce qui est arrivé au cépage cinsault, très utile pour élaborer de savoureux vins rosés. Il y a quelques années, cette vigne a fait partie d'une campagne d'arrachage dans le sud de la France et donnait lieu à des indemnités. Puis, par un curieux retournement de l'histoire, le rosé est devenu très tendance et se vend comme des petits pains. Le cinsault se retrouve au fil des ans un raisin fortement demandé, son cours s'envole et il déclenche une nouvelle subvention de plantation... Défaire et refaire...

Mais les travers de l'administration ne se cantonnent pas uniquement à l'activité agricole. Elles touchent jusqu'aux méthodes de commercialisation, qui font l'objet d'un contrôle sourcilleux. Un des loups de mer sur lesquels les opérateurs essaient d'obtenir des dérogations, sans succès à ce jour, est représenté par un symbole qui complique la vie quotidienne de tous les domaines viticoles. Pour des raisons archaïques, la fiscalité française sur le vin est matérialisée par un timbre, ou plutôt ce qu'il est convenu d'appeler dans le jargon une «capsule-congé». Apposée sur la bouteille, elle obéit à des règles très précises que le consommateur ne soupçonne pas. Avant l'arrivée de l'informatisation et du principe de précaution imposant une traçabilité sans faille, ce timbre avait valeur de contrôle du règlement des taxes par l'embouteilleur. Aujourd'hui, il perdure.

Pour les néophytes, il existe sur toutes les bouteilles de vin vendues en France une petite icône généralement placée sur le haut du goulot de la bouteille. Elle est illustrée par une splendide représentation de la République, une Marianne ornée du bonnet phrygien, alternativement bleue, orange, blanche ou verte, et rappelant au passage le nombre de centilitres contenus dans la bouteille. Bien entendu, les bouteilles vendues à l'exportation ne doivent pas être expédiées avec ce signe portant l'un de nos symboles révolutionnaires et validant le paiement d'un impôt non exigible à l'exportation.

Ce petit objet insignifiant pour la plupart des acheteurs peut se révéler un vrai casse-tête pour le fabricant. Car les instructions des Douanes sont très précises. Premièrement, ce timbre fiscal doit être d'une couleur qui identifie la nature du produit et le statut du metteur en bouteilles, producteur ou négociant. Deuxièmement, il doit être différent en fonction de la contenance de la bouteille. Troisièmement, il doit impérativement être détruit au moment de la consommation du produit.

Cela entraîne des conséquences immédiates pour les producteurs qui ont le malheur d'être producteurs et négociants de produits différents. Les appellations d'origine arborent un fond bleu du plus bel effet. Les vins de pays fraient avec les vins de table en endossant une couleur académique verte. Les vins doux naturels sont orange, les cidres violet, le jaune est employé pour les cognacs... Autant signaler qu'il ne faut pas être daltonien pour travailler dans une cave.

Cela signifie aussi multiplier cet arc-en-ciel par des formats de bouteille différents. Habiller les bouteilles destinées à l'exportation autrement. Combien d'habillages différents pour une simple histoire de fiscalité ? Des stocks destinés à la France et à l'export, incompatibles une fois conditionnés... Les justifications sont nombreuses. Il faut que cette taxe ne puisse pas faire l'objet de fraude ou de réemplois multiples. Les montants de la taxe sont différents entre négoce et production...

Cet exemple illustre bien l'écheveau de contraintes imposées aux acteurs par l'addition d'usages et de coutumes qui, à l'heure de la lecture optique et des iPhone, pourraient être remplacés par des solutions plus modernes. Car ce type de pratique engendre des coûts de mise en œuvre et de stockage qui n'apportent aucun avantage au consommateur. Pire, la mise en marché de produits déjà conditionnés est considérablement ralentie par des frais de manutention et autres reprises manuelles simplement obligatoires pour respecter des règles fiscales d'un autre âge, incompatibles avec une recherche de compétitivité et une meilleure flexibilité des opérations. Tout cela sans pour autant servir les intérêts du consommateur. Nous serions curieux de faire un sondage auprès des clients pour recueillir leur degré de conscience de la foultitude d'informations qu'ils pourraient décoder à la lecture de la « Marianne » sur leur bouteille préférée.

Comment faire front face à la concurrence internationale lorsque vous évoluez dans un secteur normé jusque dans le moindre détail ? Car le défi est là. Défendre le pré carré, le territoire français, là où très peu de vins étrangers réussissent une percée significative, peut faire partie d'une stratégie protectionniste. Mais à terme, construire une réglementation très précise d'où l'initiative individuelle est contestée peut poser de graves problèmes à la filière.

Tant que le système donne une prime à l'histoire, aux pratiques ancestrales, à la réplique des gestes du passé, tout va bien. L'administration au sens large peut fixer le cahier des charges. Les règles sont communes et s'imposent à tous. Le secteur s'installe dans une routine et donne la fausse impression que ces pratiques sont parole d'évangile. Que le vin a toujours été produit de cette façon. Et que les Français sont dépositaires du savoir universel. Qu'en dehors du système, point de salut. À quoi bon chercher, susciter l'innovation, la créativité, l'audace ?

Pourtant, le vin est un produit vivant. Aussi bien dans sa bouteille que dans l'esprit de ses producteurs. Les recettes évoluent au rythme des connaissances. Nous savons pertinemment que les méthodes de nos ancêtres, les vins que nos grands-parents buvaient, n'ont qu'un lointain degré de similitude avec les résultats obtenus aujourd'hui. Et c'est tant mieux. Le temps où les hivers rigoureux précipitaient un froid polaire dans les caves et bloquaient les vinifications jusqu'au printemps est révolu.

Aujourd'hui, il faut maîtriser deux paradoxes : faire le meilleur vin et le faire vite. Ou tout au moins présenter un échantillon représentatif le plus rapidement possible afin de capter des parts de marché avant les autres.

Comment faire avec des règles du passé ? Comment résister à l'innovation du Nouveau Monde ?

Dans les AOC, tout est écrit : le cépage, la plantation, la taille de la vigne, les vinifications, le rendement, le degré minimum, le millésime... Il est forcément interdit d'irriguer mais les traitements chimiques de la vigne contre les maladies ne font pas l'objet de limites. Où est la logique ?

Les étiquettes font l'objet de toutes les attentions. La forme et la taille de chaque lettre et les proportions de chaque élément d'information sont réglementées. Les mentions obligatoires (nom du produit, dénomination, volume, alcool et nom de l'embouteilleur) doivent être inscrites dans un même « champ visuel », en caractères clairs, lisibles, indélébiles et suffisamment grands pour se détacher du fond. Autant d'instructions qu'un manuel de design considérerait comme un prérequis pour bien identifier le produit. Le nom de l'appellation doit figurer en bonne place et la plupart des régions déconseillent ou interdisent la mention du cépage, à l'exception notoire de l'Alsace. Contrairement à une idée reçue, gewurztraminer n'est ni un maître de chai, ni un chef d'orchestre allemand reconverti dans la vigne. C'est bien une mention de cépage en évidence sur des étiquettes de vin. Étrange pays, qui cultive ses grands principes, mais qui tolère nombre d'exceptions car, pas si loin de là, en Bourgogne, la mention du nom de cépage déclenche encore des débats houleux et des menaces de déchéance, si d'aventure vous osiez mentionner les noms de pinot noir ou de chardonnay.

Dans les vins de pays, d'autres formules moins contraignantes s'appliquèrent en cohérence avec les ambitions des grands bassins de production du sud de la France. Mais la référence à la région de production est restée très forte. Ainsi que les caractéristiques d'encépagement et de rendement.

En encadrant strictement les conditions de production par souci qualitatif, la France a réussi à construire un modèle que beaucoup de pays nous envient. Des équipes complètes sont parties évangéliser des campagnes entières sous toutes les latitudes et dessiner, former et fonder des terroirs conformes à l'esprit des cahiers des charges de l'AOC.

Mais le système a été ensuite insuffisamment libéralisé. Par souci de cohérence générale et pour ménager des passerelles entre catégories, les AOC ont influencé le relief des autres catégories et imposé des cloisons résistant aux évolutions du marché du vin. De telles cloisons se révèlent des murailles infranchissables pour des produits qui n'ont pas l'image et la réputation des grands classiques. Qu'on le veuille ou non, le vin de grande consommation suit les mêmes règles du marketing que les autres activités humaines. Il obéit à des cycles. Des cycles de vie et de mort. Des cycles qui condamnent à l'adaptation ou à la disparition. Pensez un instant au succès planétaire du beaujolais nouveau, aux instants de gloire du pinot grigio ou à l'émergence du sauvignon blanc.

Il faut donc s'adapter au temps présent. À l'air du temps. Ce n'est pas si facile avec nos dogmes.

À l'heure des campagnes prohibant la consommation d'alcool, devant le constat du réchauffement climatique qui influence le degré de maturation du fruit, il est assez insolite de freiner la recherche appliquée et la commercialisation de vins dont le taux d'alcool a été allégé artificiellement.

Prenez les tracas de l'exploitation viticole de la Colombette, dans le Biterrois. Engagée dans une proposition innovante de réduction du degré d'alcool, la famille Pugibet a appliqué un procédé permettant de baisser le niveau d'alcool d'un vin. Elle a remporté un beau succès d'estime et certaines dégustations ont été convaincantes avec des degrés se situant en dessous de la limite des 10° pour certains rosés et blancs. Son initiative a bien été validée par l'administration au nom de l'expérimentation locale. Mais à force de faire déguster ses cuvées de laboratoire, il a fini par séduire des grands noms de la distribution anglaise. Ses ennuis ont alors commencé car le domaine n'était pas censé vendre hors de France. Résultat : malgré de belles commandes, la propriété a été condamnée en application des règlements en vigueur. Elle évoluait hors des clous de la législation et ne pouvait pas « exporter » des produits considérés comme non conformes.

Les logiques de marché sont pourtant là. Il faut s'adapter et répondre à des cycles de plus en plus courts, souvent déterminés par nos modes de vie ou par les médias. Il est très difficile d'attendre une nouvelle législation permettant de valider une attente des marchés. Les grands acteurs de la distribution en charge de concevoir une offre anticipant l'humeur du temps veulent aller vite et s'adapter à l'esprit de leur clientèle. Une clientèle versatile et brouillonne qui consomme du vin comme d'autres breuvages, sans grande connaissance des us et coutumes, une consommation hors des repas, au verre, assez loin des préoccupations des appellations...

Pourtant, pour les AOC aussi, des cycles existent. Des cycles techniques plus longs. Les grands papes de la vinification ont imposé de nouveaux modes de fonctionnement dans les chais. Les grands critiques étrangers ont dessiné les contours d'une influence organoleptique sans précédent. Le pouvoir est mieux partagé et des domaines renaissent de leurs cendres.

Et il y a aussi des cycles de consommation. La vogue du pinot noir ou du chardonnay a marqué les esprits. L'émergence du rosé comme troisième pilier de développement du marché fait son chemin. Il est de plus en plus élaboré, élégant et raffiné, à l'image du champagne, son meilleur ambassadeur. À quand l'avènement de nouveaux cépages comme le viognier ou le cabernet franc ?

Tous ces carcans formant des strates géologiques freinent l'initiative individuelle et l'innovation, qui sont deux ressources vitales pour l'avenir. Qu'adviendra-t-il de nos bassins de production s'ils ne peuvent pas s'adapter, se battre à armes égales, répondre à la demande ? Devrons-nous continuer à produire à l'ancienne, en fermant les yeux sur une époque qui a changé ? Subir de nouvelles baisses de part de marché ?

Le marché intérieur puissant et protectionniste nous donne l'illusion d'une domination sans faille. Pour combien de temps ?

CHAPITRE 6

Les stars et les autres

... Anglicisme. Désigne de célèbres vedettes

Le vin français se meurt dans nos campagnes. Il est frappé par une maladie bien plus dangereuse que le phylloxéra. Un mal bien plus pernicieux car indolore.

Nous voyons déjà le scepticisme et l'incrédulité se graver sur les visages. Ce n'est pas concevable. Le vin hexagonal est un symbole, une fierté nationale, la référence mondiale. Il fait partie intégrante du paysage régional et du folklore touristique. Il entre dans la trilogie de l'image d'Épinal de « l'uniforme » français, constitué du béret basque, de la baguette de pain et du litre de rouge. L'un des éléments constitutifs de l'ADN hexagonal ne peut pas aller ainsi à vau-l'eau. Il en va de l'honneur de la nation.

L'un des plus réputés secteurs d'excellence du pays ne peut pas disparaître progressivement, être affaibli ou rayé de la carte, voire remplacé par d'autres nations soi-disant plus talentueuses. N'avons-nous pas les meilleurs vins du monde ? Les meilleurs terroirs, les meilleurs spécialistes ? Des noms mythiques dont les bouteilles s'arrachent à prix d'or ? Et pourtant, cette disparition pourrait bien être en passe de devenir une réalité. Anesthésiés que nous sommes par le succès de quelques champions hors du commun.

Cette triste destinée fait furieusement penser à d'autres exemples bien connus, d'autres activités économiques qui ont dû se confronter à une concurrence impitoyable et qui ont réduit à quelques exemples symboliques le rayonnement initial de la France. Des aventures humaines qui n'ont pas converti un pôle de compétences exceptionnel et reconnu en une domination économique incontestée.

La France semble presque habituée à ce genre d'exercice. Elle pose les jalons, marque l'histoire et puis s'en va. Ou plutôt se réfugie ailleurs, de préférence dans les hautes sphères, là où l'air est plus pur, élitiste, inaccessible. Elle semble aspirée par une quête d'absolu aristocratique. Elle aime traduire dans les faits une sorte d'arrogante supériorité qui l'aide à se surpasser et à apporter de bluffantes réalisations. Comme si l'appel des grands espaces, des marchés de masse ne nous intéressait pas. Est-ce la nostalgie d'un temps pas si lointain où la France était en avance sur son temps, où les plus grands savants venaient présenter leurs dernières inventions au conservatoire des Arts et Métiers, où les leaders de l'industrie automobile mondiale s'appelaient De Dion-Bouton, Panhard Levassor, Berliet, Renault, Peugeot... ?

Pour aborder le grand large et l'international, le vin français cultive son image de marque en délaissant le domaine du produit accessible pour se réfugier au sein de l'élite mondiale. Une image qui flatte l'ego mais contraste avec la réalité quotidienne de plus de 90 % des consommateurs du monde entier.

Progressivement, se forgent deux univers. Il y a les stars et… le reste. Le fossé se creuse et s'amplifie de millésime en millésime.

C'est ainsi que la mode est un domaine dans lequel la France exprime sa suprématie intellectuelle et commerciale depuis des décennies, sans toutefois réussir à l'exploiter complètement sur les marchés de masse. Dès la fin du XIXe siècle, la femme française incarnée par la Parisienne a commencé à préempter les valeurs d'une nouvelle élégance et d'un raffinement libéré des carcans du passé. Elle a réussi à redéfinir imperceptiblement la place de la femme dans la société civile. Sous les feux de l'actualité, monopolisant l'attention du monde entier, rassemblant un grand nombre de génies artistiques, industriels et financiers, la place de Paris a servi de catalyseur à la révélation d'un symbole des nouvelles prérogatives de la femme dans les sociétés développées. À cette époque, la Parisienne est devenue une figure iconique, l'avant-garde des symboles de la modernité et une actrice de la vie sociale. Le progressif statut émancipé de la femme a été inventé à ce moment-là, sur le pavé parisien. Des visionnaires de génie se sont chargés de le mettre en lumière par des vêtements radicalement nouveaux.

Autour de cette notoriété et de cet élan de créativité, un savoir-faire unique au monde s'est installé dans la capitale et a rassemblé des trésors de compétences. Autour de salons privés où les clientes du monde entier étaient accueillies, les ateliers de couture ont rassemblé des milliers d'ouvrières en plein cœur de Paris. Un maillage très dense de fournisseurs a irrigué en permanence les studios en compétences pointues. Les chapeliers, les gantiers, les brodeurs, les plumassiers, les bottiers, les paruriers, les bijoutiers, les fourreurs, les selliers étaient étroitement associés aux meilleures créations des salons de la haute couture. Et prenaient une part active à la définition et au développement des modèles présentés lors des défilés privés.

Qu'en est-il aujourd'hui ? Cette activité de luxe est réservée à une élite de 3 000 clientes, tout au plus. Et le savoir-faire s'avère de plus en plus difficile à maintenir sur place. Les artisans d'art sont aux abois et leur avenir incertain. La mode est descendue dans la rue, exposée dans des écrins de luxe répartis dans les boutiques des plus belles artères des grandes villes. Mais Paris n'est plus le seul centre du monde et de la création.

Certes, cette aura a permis de grands succès planétaires pour des noms tels qu'Yves Saint Laurent, Christian Dior, Chanel ou Louis Vuitton. Maîtres incontestés d'une élite stylistique, ils ont inventé un prêt-à-porter haut de gamme qui a décuplé leur attractivité et leur distribution partout dans le monde, de New York à Oulan-Bator[29]. Mais ils n'ont pas pour autant suscité de vocations, ni ouvert la voie à une filière puissante en matière textile.

À côté de ces enseignes prestigieuses, qu'avons-nous développé ? Quelle aventure planétaire et accessible pouvons-nous citer dans l'inconscient collectif de la mode ? La France manque de poids lourds capables de transformer le génie français créatif et luxueux en une réussite populaire. Où

29. Capitale de la Mongolie où sont présents les Français, notamment la 440e boutique Louis Vuitton, ouverte en novembre 2009.

sont les H&M, Zara, Uniqlo, Gap, Abercrombie & Fitch français ?

Ce parallèle avec le vin semble aussi osé qu'étonnant. Mais où sont les Gallo, les Penfolds, les Concha y Toro français[30] ?

Où sont les compétences d'une confrérie qui a cumulé cinq siècles de production viticole ? Que sont devenus nos gourous, qui transformaient quelques grains de raisin en breuvage divin ? Comme dans la mode, nos meilleurs talents se sont réfugiés dans le très haut de gamme. Cultivant l'exception et la perfection, ils perpétuent l'image d'un secteur viticole extraordinaire, hors normes, dont la nation peut être fière. Sans équivalent. Un secteur qualifié d'immortel dans certaines régions à bulles.

Malheureusement, pendant ce temps-là, l'écart se creuse avec les régions ou exploitations viticoles ne bénéficiant pas de noms de baptême aussi prestigieux. Car, qu'on le veuille ou non, la clientèle à laquelle s'adresse la partie la plus prestigieuse de notre meilleure production est parfois « buveuse d'étiquette », voire spéculative. Le nom du château, celui du propriétaire et plus récemment celui de l'œnologue ouvrent les portes et bâtissent les réputations. Cette course au prestige et à l'image accélère le phénomène et pousse même les appellations les plus connues à marcher à deux vitesses. Des régions très cotées comme le Bordeaux ou la Bourgogne subissent de plus en plus un schéma à deux niveaux, la haute couture d'un côté et le « prêt-à-boire » de l'autre.

30. Quelques poids lourds du secteur du vin : Gallo (USA), Penfolds (Australie), Concha y Toro (Chili).

Seulement, ces deux univers ont tendance à vivre de plus en plus indépendamment.

La haute couture du vin n'a pas eu trop de mal à anticiper son avenir. En visant l'excellence, en prenant en main son destin, en ouvrant ses portes au monde extérieur, tant aux humbles qu'aux privilégiés, elle a su inventer un nouveau segment de marché proposant des produits de luxe standardisés et offert à une clientèle à haut pouvoir d'achat dans des boutiques de luxe situées dans toutes les artères des principales mégalopoles. Ce nouveau métier est devenu insensiblement l'activité principale et le vecteur d'image des marques.

Dans le vin, l'état des lieux n'est pas le même. Dans l'inconscient collectif, le vin est devenu un secteur symbolisé par quelques produits hors du commun. Des noms mythiques qui nous rassurent tous les jours. Et auxquels nous nous raccrochons frénétiquement. Qui déclenchent des passions irraisonnées autour de bouteilles élevées au rang de stars hollywoodiennes. Ou de valeurs spéculatives. Mais qui n'ont plus rien à voir avec l'économie du vin.

Une situation qui ne date pas d'hier. Dès les années 1920, François Mauriac caricaturait déjà les privilèges du négoce bordelais en résumant l'éthique des habitants du quartier des Chartrons par une phrase lapidaire : « Produire un très bon vin, le vendre à prix d'or, en parler toujours, le boire rarement ».

Ces noms français si prestigieux, mais qu'ont-ils en commun ? Cinq dimensions les différencient du reste du monde :

Une histoire forte

Elle s'appuie sur des actes fondateurs puissants et sur une vision ambitieuse à long terme. Se confronter aux aléas de l'histoire, faire preuve d'une volonté sans faille pour rassembler les meilleurs talents, repousser les limites du possible, faire des sacrifices pour protéger l'essentiel, telles sont les étapes permettant de transmettre à des générations d'amateurs ces vins d'anthologie et forger leur légende. Elles témoignent d'une passion hors du commun pour quelques hectares de vigne.

Pour mémoire, rappelons :

– la bataille homérique pour le contrôle d'Yquem entre les Lur-Saluces et Bernard Arnault ;

– la saga d'une famille américaine, les Dillon, dévouée à Haut-Brion ;

– les deux branches de la famille Rothschild confrontant Mouton à Lafite ;

– la préservation du mythique château Margaux par les Mentzelopoulos ;

– l'association de deux capitaines d'industrie (Bernard Arnault et Albert Frère) pour porter le château Cheval Blanc ;

– la fascination de François Pinault pour Latour ;

– une histoire de femmes autour du château Ausone ;

– la patience de négociants avisés portant Palmer vers les sommets ;

– l'anticonformisme de Petrus ;

– Cos d'Estournel ou le maharadjah du saint-estèphe ;

– Onze siècles de légendes autour du domaine de la Romanée-Conti ;

– Le caractère hénokien de la maison Latour.

Une réputation établie de longue date, reconnue par les experts

Elle se prolonge au fil du temps et malgré les vicissitudes générationnelles, climatiques et sanitaires (transmission, management, crise économique, épidémies, gel, grêle et autres caprices météorologiques affectant le millésime...). Sa crédibilité est fondée sur un style, un caractère, une différence perçue. La « grandeur » du produit fait l'unanimité de la profession. L'historique des millésimes montre un savoir-faire sur la durée.

Une notoriété sans commune mesure avec leur taille réelle

C'est le paradoxe de ces produits d'exception. Ils ont une notoriété planétaire, font rêver des millions d'amateurs mais peu auront le privilège de réellement les consommer. De combien de caisses de vin est-il question ? Quelques centaines de milliers de caisses de douze bouteilles, c'est-à-dire moins de 1 % de la production mondiale. Autrement dit, très peu à l'échelle de la planète. Le chiffre est à la hauteur du désir. Inaccessible. Comme une Ferrari.

Une délicate fixation de la valeur d'usage

Les mécanismes traditionnels de marché ne permettent pas la fixation d'un prix d'équilibre. L'offre est relativement constante en volumes, quels que soient les millésimes. Et la demande reste élevée, peu importe la qualité intrinsèque du vin produit. Tout juste peut-on parler d'emballement lors d'années prometteuses, des moments rares que la distribution gère attentivement pour faire monter les cours. Mais comme le fait remarquer justement François Mauss,

« la majorité des acheteurs de premiers crus n'agissent pas en fonction des commentaires de la critique ; ils veulent des premiers, point barre. Seul le nom et son rang leur importent[31]. » Achetant aussi un art de vivre ou un signe extérieur de réussite sociale, la demande reste structurellement supérieure à la production, attirée par ces noms qui transcendent la valeur gustative des vins.

Un rite d'initiation aux flacons d'exception

La consommation d'un monument de cette nature relève du rite initiatique. Il faut d'abord avoir acquis une certaine culture. À l'instar du coureur de marathon qui progresse par paliers (10 km puis 20, puis 30 et enfin le Graal des 42,195 km), l'accès aux vins les plus sophistiqués passe par un apprentissage long et rigoureux. Par une montée en puissance qui permet d'éduquer le palais aux plus subtils contours de ces vins, à leur puissance et à leur complexité. Brûler les étapes peut conduire à des désillusions, voire une incompréhension de ce qui se trame au fond du verre. Les vins de ce calibre ne se confient pas facilement. Être accompagné par un maître de cérémonie se révèle souvent indispensable pour ouvrir les insondables profondeurs de ces breuvages d'exception.

Ce rayonnement a su être transmis loin de nos frontières et déchaîner des passions déraisonnables à des milliers de kilomètres. Kaiko Takeshi, écrivain japonais conjuguant savamment fiction et réalité, lui-même ayant collaboré à la communication du groupe de spiritueux Suntory, a résumé d'une manière excep-

31. Président du Grand Jury européen. À lire sur le blog à propos des prix du millésime 2008 (octobre 2009).

tionnelle le magnétisme d'un vin hors normes dans une nouvelle titrée *Romanée-Conti 1935*, dont voici un extrait :

« Il paraît que, encore aujourd'hui, on découvre des céramiques grecques dans cette terre de Côte-d'Or où se trouve la Romanée-Conti. D'après un savant du IIIe siècle, cette région produisait depuis plusieurs centaines d'années déjà un vin renommé. Ce qui signifie, si l'on fait le calcul, qu'on fabriquait là du vin depuis à peu près le début de l'ère chrétienne. En outre, on ne plante là que de la vigne. On ne fait pousser ni légumes, ni céréales. Depuis toujours. Que de la vigne. Pendant près de 2000 ans, on a replanté, bouturé en se consacrant exclusivement à la culture de la vigne, et la composition même de la terre s'en est, paraît-il, trouvée modifiée. Alors, imagine qu'il y ait là une bouteille de 1945. Comme on est en 1972, elle aurait vingt-sept ans. Mais réfléchis bien. C'est un vin issu d'une terre consacrée à la fabrication du vin depuis mille neuf cent soixante-douze années. Plutôt qu'un vin de vingt-sept ans, ne serait-ce pas un vin qui aurait mille neuf cent quarante-cinq ans et qui aurait ensuite dormi pendant vingt-sept ans. »

Les autres acteurs du système ont bien des craintes à avoir. Hors du cadre si particulier des grands vins, la course est trop rapide. Beaucoup sont en train de s'essouffler. Si nous suivons l'exemple du textile, nous allons vers des temps difficiles. Attirés vers des sommets, nous engendrons toute une série de normes qui rendent les équilibres économiques et financiers difficiles à réussir en entrée de gamme. Il nous faut sortir un modèle de développement pour cette filière du « prêt-à-boire ». Une filière qui trouverait le ton juste, à la fois exigeante sur ses capacités à sortir un produit digne, mais aussi intéressée au succès commercial des vins et à l'écoute des marchés. Voire rémunérée en fonction du prix final négocié par les metteurs en marché. Trouver des réponses nouvelles, ce qui devrait commencer par une évolution des mentalités et éviter bien des discours castrateurs. Par exemple, bannir l'ostracisme qui consiste à excommunier tout vin qui ne serait pas une AOC, à dénigrer les programmes de plantation de cépages « améliorateurs », la mécanisation des vendanges, l'irrigation au goutte à goutte...

Inventer les vins de demain, correspondant aux habitudes de consommation des nouvelles générations, accepter le risque et l'aléa de l'entrepreneuriat, c'est permettre de construire une logique de bassin conjuguant une réputation d'une tradition française millénaire et des produits accessibles et sans prétention. Revenir à l'expression populaire de produits simplement réalisés, offrant des vins « francs, loyaux et marchands ».

Non, l'appellation d'origine contrôlée n'est pas le sésame tant attendu offrant un avenir serein. En déconnectant le haut du pavé du reste de la production, la profession se met en grand danger. Les stars oublient d'embarquer dans l'aventure le gros des troupes, celles qui constituent un maillage fin du tissu économique et entretiennent le paysage régional. Les locomotives laissent sur le quai des wagons soigneusement estampillés AOC qui voulaient être du voyage. Fervents défenseurs de l'expression du terroir, les acteurs assistent à un découplage de la réputation des aires de production. La qualité ne suit pas. Elle n'est pas homogène et « représentative » de l'esprit des lieux. Les investissements sont totalement déséquilibrés. D'un côté, le luxe et la haute et belle technologie contribuent à conforter les millésimes des parcelles les plus connues ; de l'autre, les exploitations ont de plus en plus de mal à équilibrer leurs comptes et à pérenniser leur activité. Et à trouver des vocations pour poursuivre l'aventure et transmettre les vignes à la génération suivante. Au lieu de servir de lièvres, les grands domaines contribuent à créer un mur infranchissable et ne suscitent pas les conditions nécessaires à la création de modèles alternatifs de développement. En mettant en avant les fleurons de notre patrimoine, nous en oublions la réalité, l'hétérogénéité de nos productions et la marginalisation de nos positions dans les circuits de distribution.

En acceptant de faire entrer plus de 60 % de notre production dans le panthéon de l'AOC (contre moins de 10 % en Italie en DOCG, par exemple), nous avons voulu faire entrer au pas de charge des centaines d'exploitation dans l'ascenseur social. Leur garantir un passeport vers le haut de gamme.

Dans la plus pure tradition française de la promotion par le haut. De sorte que nous avons totalement délaissé le cœur et l'essentiel du marché. Nous avons dévoyé une signature de qualité qui aurait dû rester réservée à une élite de parcelles et de régions capables d'agir et de peser au niveau international. Capables de s'engager collectivement sur une voie de l'excellence en adhérant à un projet collectif, impliquant tous les acteurs d'un bout à l'autre de la région concernée. Tous liés au même destin et solidaires les uns des autres.

Nous avons inversé les termes de l'équation originale de toute activité humaine. En privilégiant une approche satisfaisant le désir des producteurs d'appartenir à la catégorie dite noble des AOC, nous avons oublié ce que le marché attend : une hiérarchie claire de l'offre lui garantissant un bon achat à un bon prix. De fait, nous avons plutôt brouillé les cartes et confronté l'amateur à une confusion des genres. Une même appellation recouvre bien une hétérogénéité de performances. Le meilleur côtoie le pire. Et certaines régions ont purement et simplement rayé les entrées de gamme du paysage viticole local en l'espace d'une génération.

En agissant de la sorte, nous avons provoqué deux effets pervers :

– l'AOC a perdu son âme et ne représente plus une garantie de qualité pour le consommateur, reflet d'un partage homogène de valeurs et de normes par la profession ;

– nous nous sommes affranchis de la nécessité impérieuse de résoudre les problèmes de la filière des vins de consommation courante.

Cette problématique s'adresse prioritairement aux bassins couvrant un territoire particulièrement étendu, que sont l'Aquitaine, le Languedoc et le Roussillon, la Provence et le sud de la vallée du Rhône, les Pays de Loire et le Centre. La tâche est rendue d'autant plus difficile que, dans certains bassins de production, la hiérarchie des terroirs a été effacée. Insensiblement, la majorité de nos terres à vigne s'est retrouvée classée dans la partie noble du secteur de production, c'est-à-dire les AOC. Seules les régions du grand sud, Languedoc-Roussillon et Midi-Pyrénées, ont respecté une certaine proportion et n'ont pas basculé tout ou partie de leurs surfaces. À force de promettre un travail en profondeur au sein d'une aire de production, le socle des valeurs du terroir s'est dilué à l'aune de son extension. Il devient donc très complexe de maintenir l'affichage d'une certaine hiérarchie entre les bouteilles issues de propriétés aussi vastes et diversifiées que les 120000 hectares de la région bordelaise. Point n'est besoin d'être expert pour comprendre le défi qualitatif que doit relever cette partie immense du vignoble. En autorisant le plus grand nombre à se référer à l'étage des AOC, il devient très improbable de trouver une homogénéité et un lien gustatif entre autant de productions différentes. Le désarroi du client s'en trouve amplifié face à une avalanche d'étiquettes plus prometteuses les unes que les autres. Et des vins aux mille facettes différentes.

Sans compter que les prix de vente au détail troublent l'acheteur. Comment justifier des prix affichés largement sous la barre des cinq euros côtoyant des Bordeaux d'appellation générique au triple, voire plus ?

Comme le montre le tableau 6, il existe des régions où l'organisation et la hiérarchie des dénominations sont complètement inversées : Aquitaine, Loire, Provence, Rhône ont fait accéder à une majorité écrasante leurs terroirs à l'appellation. Peut-on encore parler de classement ? Peut-on encore éclairer efficacement le consommateur ?

Tableau 6
Données sur le classement des principales régions viticoles françaises. Année 2008

RÉGIONS DE PRODUCTION	SURFACES EN AOC/VDQS	SURFACES EN VINS DE PAYS ET VINS DE TABLE	POURCENTAGE DES SURFACES CLASSÉES AOC
Alsace	15373	223	99 %
Aquitaine	119361	1472	99 %
Bourgogne	51955	1835	97 %
Languedoc-Roussillon	58663	127547	32 %
Loire	52991	12833	81 %
Midi Pyrénées	33541	31914	51 %
Provence – Alpes – Côte d'Azur	32885	15366	68 %
Rhône	78638	63013	56 %
Total	**443407**	**254203**	**64 %**

Source : INAO, hors champagne et cognac.

La solution viendra-t-elle de produits conçus et commercialisés par des grandes marques ? En France, la « pensée unique » du terroir a effacé beaucoup de tentatives de lancement de génériques. À la suite du succès de Mouton Cadet, peu d'opérateurs se sont engouffrés avec tempérament et détermination sur ce chemin. Pourtant, c'est probablement l'un des meilleurs exemples de création de marque. De nombreux négociants préfèrent jouer la carte du château et du vigneron emblématique plutôt que de s'aventurer dans les méandres de l'assemblage de vins en vrac emballés dans un packaging contemporain. Mais il y a quelques initiatives courageuses et exemplaires comme le lancement de French Rabbit par Boisset sur les marchés export, le développement de Red Bicyclette par Gallo, celui du Piat d'Or par Diageo ou celle de Roche Mazet par la Société des vins de France. Mais bien peu de place leur est ménagée dans les dégustations comparatives. Un peu comme si les essais de la presse automobile se concentraient sur les belles mécaniques, les Ferrari, Lotus ou Aston Martin, mais boudaient les Skoda ou les Dacia. La réalité du poids économique du secteur viticole est passée sous silence alors que nous avons d'importants opérateurs s'adressant au grand public. Il est plus flatteur de médiatiser un Mouton Cadet qui commercialise quinze millions de cols d'appellation bordeaux dans le monde entier que les marques de la Société des vins de France qui vendent plus de cinquante millions de bouteilles en France.

Tableau 7

Top 15 des meilleures ventes de vins tranquilles. France, réseau hypers et supermarchés (2009)

MARQUE	PRODUCTEUR	VENTES ESTIMÉES EN BOUTEILLES
Roche Mazet	Société des vins de France	24 500 000
Vieux Papes	Société des vins de France	15 200 000
La Villageoise	Société des vins de France	14 200 000
Noémie Vernaux *	Patriarche	12 700 000
Cellier des Dauphins	Cellier des Dauphins	11 600 000
Ormes de Cambras	Castel Frères	10 800 000
J.P. Chenet	Grands Chais de France	9 800 000
Cambras	Castel Frères	9 600 000
Baron de Lestac	Castel Frères	8 300 000
Couleurs du sud	Skalli	5 000 000
Listel	Vranken	4 800 000
Billette	Vranken	4 200 000
Malesan	Malesan	4 100 000
Combes St Sauveur	Castel Frères	4 000 000
Cellier Yvecourt	Yvon Mau	4 000 000

Source : estimations IRI pour Rayon Boissons.

* Cramoisay, Lisette et Champlure.

Les étapes de la concentration des acteurs français ont connu une forte accélération depuis une dizaine d'années. Plusieurs grands groupes viticoles se sont distingués avec des profils d'entrepreneurs très différents :

Les historiques à forts volumes

Castel Frères, Grands Chais de France et la Société des vins de France, inconnus du grand public, devraient être inscrits au patrimoine viticolc français. Ils poursuivent une tâche commencée dans les années 1930 consistant à installer des marques fortes simplifiant l'acte d'achat, adossées à un processus d'élaboration garantissant un vin au goût séduisant, régulier et adapté à toutes les occasions de consommation. Ils sont les dignes héritiers des créateurs de produit des années 1930, des précurseurs lançant à l'époque des noms emblématiques de toute une époque comme le Margnat Villages ou le Vieux Papes. Ils poursuivent une nécessaire valorisation des vastes vignobles français, tel celui du Languedoc, bassin de production le plus vaste du monde, bien plus étendu que l'Australie, le Chili ou l'Argentine.

Les spécialistes du vin de niche

Baron Philippe de Rothschild et le groupe Boisset sont les fers de lance de cette génération d'entrepreneurs pariant sur la maîtrise de la qualité associée à un dynamisme commercial relayé sur les marchés.

Les opérateurs issus du monde des marques de champagne

LVMH et le groupe Vranken ont investi le monde du vin et introduit les codes des marques de luxe et des stratégies bien éprouvées sur l'ensemble des canaux de distribution.

Les multinationales des spiritueux

Pernod Ricard est le seul acteur français à se mesurer aux multinationales américaines, bien déterminé à défendre les positions de ses marques mondiales.

Mais sans un pied de vigne en France.

Ils ont tous validé la même stratégie de développement afin de se sortir d'une situation franco-française très inconfortable où le vin tranquille est devenu au fil du temps le maillon faible sous une énorme pression de la chaîne de valeur :

– atteindre au plus vite une taille critique par concentration : faire face à la concentration des acteurs de l'amont (les verriers, les bouchonniers, les cartonniers, les logisticiens...) et des acteurs de l'aval (grande distribution, réseaux de distributeurs CHR, chaînes de cavistes...) ;

– contractualiser les achats de vins et diversifier les approvisionnements pour gérer le changement climatique : l'objectif est de garder la maîtrise du produit grâce à un cahier des charges, de piloter son prix de revient à moyen terme par des accords pluriannuels, d'assurer une continuité de résultat organoleptique, fût-ce au prix d'une élaboration de nouvelles règles œnologiques (règle des 85/15, copeaux de bois, filtration tangentielle...) ;

– s'approcher au plus près du distributeur : dès qu'un pays le justifie par sa taille et sa contribution, les réseaux de vente doivent passer entre les mains des producteurs afin de prendre la main et nouer avec les opérateurs locaux une relation commerciale de qualité ;

– investir massivement dans la marque afin qu'elle grimpe en notoriété et devienne un référent dans l'esprit du consommateur.

Encore faut-il se mettre d'accord sur la signification d'une marque dans le monde du vin...

En théorie, une marque est un ensemble de signes qui permet à un acteur de la vie économique d'annoncer sa valeur intrinsèque le plus clairement possible. Mais ce raisonnement s'applique à deux situations bien différentes dans le monde du vin :

– soit le nom est celui du produit ;

– soit le nom exprime la logique d'un entrepreneur ou d'une société.

Premier cas : la marque se confond avec le produit

Dans bien des cas, la marque de vin est le produit. C'est le cas de Montus (AOC Madiran) ou de Clos des Papes (Chateauneuf-du-Pape) ou de château d'Yquem (Sauternes). Ces noms sont intrinsèquement et viscéralement attachés à un lieu géographique ou un site de production. Et difficiles à exploiter dans un autre contexte.

Le nom est parfaitement associé au produit. Il peut se décliner sur plusieurs vins, mais reste confiné autour d'un périmètre bien délimité. Prenons en exemple château Smith Haut-Lafitte. Il commercialise le premier et le second vin sous sa marque, mais a fait le choix de bien séparer ses autres activités. Lorsque la décision de se diversifier vers le marché des cosmétiques a été prise, l'emploi de tout ou partie du nom du château a été écarté au profit de la création d'une marque nouvelle. Et ce même si leur principal argument et légitimité venait de l'emploi de principes actifs issus des activités vinicoles du site. Un autre nom a été créé en parallèle et porte les valeurs de leur marque de produits de beauté : Caudalie.

Le produit peut aussi se confondre ou être substantiellement attaché à une zone de production déterminée. Le cas de château Margaux est instructif. Nous pourrions le considérer comme une marque distinctive car il n'existe pas d'autre vin portant son nom. Mais c'est avant tout un produit qui porte le nom d'une appellation. Il est « génétiquement » attaché à l'appellation margaux et son utilisation paraît totalement incongrue sur la rive droite ou sur un bordeaux générique, au risque de tromper le consommateur. Personne n'ose imaginer un margaux signant un autre cru bordelais.

Auquel cas, le produit ne peut pas être considéré comme une véritable marque institutionnelle.

Second cas : la marque s'impose pour refléter une volonté humaine

La marque de vin s'est imposée dès qu'il a fallu simplifier, concentrer, corriger pour mieux comprendre. En Bourgogne, l'émiettement des parcelles a très vite nécessité la concentration des moyens des producteurs ou l'intermédiation du négociant. Des agences, des domaines ou des distributeurs ont alors mutualisé les ressources pour vendre l'indicible complexité des cent appellations différentes de la région. D'où le développement d'une logique de maisons et de noms de marque devenus célèbres : Latour, Faiveley, Bichot, Drouhin, Bouchard et bien d'autres.

Ailleurs, des grands noms se sont fait jour comme Henri Bourgeois, André Lurton, Marcel Guigal, les Hugel, Jean Luc Colombo, les Chave...

La création d'une marque est un bond en avant. Elle reflète une volonté de s'affranchir du produit ou du strict périmètre du terroir pour devenir une valeur en soi, un témoin immatériel, une image, une icône. Elle dépasse le cadre restrictif du produit, qui reste inféodé à sa dimension matérielle, à son ancrage domanial. Le nom de marque traduit en un logo la volonté humaine du propriétaire et/ou du négociant. Sa création et sa légitimité prennent leur source dans le regard que l'homme porte à un instant donné à une activité humaine. Elle transcende régions et générations pour réussir à constituer une grammaire, un langage et des codes qui définissent un style. Dans le vin, c'est très significatif. Un domaine peut radicalement changer de nature sous l'action de son nouveau propriétaire et poursuivre une nouvelle philosophie à travers les générations. Michel Chapoutier, producteur emblématique du Rhône, est un archétype de cette approche, signant ses vins comme des livres, d'où qu'ils viennent.

Sortir un nom de produit de son périmètre initial est une œuvre difficile. C'est ce qu'est en train de tenter le Groupe LVMH en tentant de libérer le château Cheval Blanc de son ancrage à Saint-Émilion. De statut de produit, il veut imposer « Cheval Blanc » comme marque et l'appliquer à d'autres univers, en l'occurrence l'hôtellerie de luxe. Un scénario intéressant, à observer avec attention. Car les stars du marché du vin portent haut l'étendard bleu-blanc-rouge.

Quelques noms de producteurs repoussent les limites du possible. Ils vont vite et loin. Trop peut-être. Car la majorité des vignerons a le sentiment d'être laissée pour compte. Et voit les locomotives du secteur s'éloigner sur l'horizon. Les laissant au bord du quai de la réussite.

Il ne faudrait pas que la filière déconnecte définitivement le rêve et la réalité. Si le supersonique Concorde a su affranchir quelques voyageurs des fuseaux horaires, il a débouché plus tard sur le succès populaire d'Airbus. Veillons à ce que les meilleurs producteurs restent des locomotives et transmettent leur dynamisme et leur audace aux autres acteurs. Un secteur d'activité est un ensemble qui transmet des valeurs à toutes ses composantes. L'élite et la rue doivent se côtoyer et entretenir des relations incestueuses. Les frontières entre marchés ne sont pas étanches. Le consommateur qui ne boit que des grands crus est une espèce rare.

L'amateur est ouvert et averti, aime découvrir et sait décoder les messages des marques.

La mixité de la fréquentation de points de vente de genre différent, de restaurants de catégories variées, de linéaires sans conseil, de sites internet est finalement le lot de tous les clients. Le monde est sous le règne du zapping, passant de produits d'exception à ceux du quotidien. Les univers sont beaucoup plus ouverts et mélangés qu'auparavant. Un grand melting-pot commercial règne et donne sa chance à de multiples produits, sous couvert d'une expérience presque culturelle.

À nous de savoir harmonieusement conjuguer stars des grands crus et modestes bouteilles.

CHAPITRE 7

La dialectique du prix

... Ensemble des moyens mis en œuvre dans la discussion en vue de démontrer, réfuter, emporter la conviction

Le monde du vin semble entretenir une relation très particulière avec la valeur du raisin. Il est pourtant à la base de tous les enjeux qualitatifs. Sans une baie délivrée saine et à maturité, toutes les phases suivantes de transformation ne peuvent pas se dérouler parfaitement. Elle a un impact irrémédiable sur le processus complet. Une fois les vendanges confiées aux œnologues, les jeux sont faits. Le processus de vinification et d'élevage constitue une séquence importante qui modifie en profondeur le produit naturel mais ne peut pas se substituer à lui. Laissons de côté le liquide destiné à être mis en bouteille et commercialisé, et intéressons-nous au marché du vin en vrac. Celui qui forme en volumes la majorité des échanges entre professionnels.

Comme pour de nombreuses matières premières agricoles, le vin est susceptible d'être négocié en vrac à un prix d'équilibre, un prix de marché. Toutes les transactions accumulées forment un « cours », une moyenne de transaction. C'est l'équilibre de l'offre et de la demande qui fixe en théorie la valeur d'échange. Plus il est rare et recherché, plus il est cher... Et inversement.

Première difficulté : ce cours est fixé souvent indifféremment des qualités organoleptiques du lot de vrac concerné. Le vin fait l'objet de dégustations et d'homologations, mais n'est pas mis en marché, codifié ou classé en fonction de critères physiologiques incontestables. Bizarrement, aucun mécanisme ne prétend rémunérer la qualité comme semble le faire une filière proche, celle des fruitiers et maraîchers, avec des critères et des normes qui lui sont propres. Contrairement à d'autres catégories de produits frais, les cours n'intègrent pas la qualité supposée ou mesurée de la matière première. Étrange constat pour la terre promise du vin, sans cesse vantant ses légendaires qualités, mais c'est ainsi. Fidèle à sa tradition révolutionnaire et aux frontons de ses écoles – Liberté, égalité, fraternité – la France a promu un système strictement répartiteur de la richesse. Chaque hectare planté et exploité doit théoriquement rapporter le même revenu. Il en va de la paix des campagnes et de la stabilité du tissu agricole. Mais que vous soyez bon ou mauvais vigneron, piètre vinificateur ou éleveur de vins, que les conditions météorologiques aient été catastrophiques ou idéales, le fruit de votre travail de vraqueur n'est pas rémunéré différemment. Il vous suffit d'appliquer les sacro-saintes règles définies pour chaque type de terre ou de décrocher l'agrément pour accéder au marché et atteindre le fameux prix d'équilibre.

Deuxième difficulté : ce mécanisme entretient l'immobilisme. À quoi bon vouloir innover, prendre des risques, tenter des vinifications différentes, travailler dur dans les vignes s'il n'y a pas de récompense au final ? Pourquoi investir dans un outil de travail performant si le voisin vend au même prix ? À quoi bon ajouter de la valeur ajoutée « immatérielle » dans le produit ?

Contrairement à d'autres matières premières agricoles relativement substituables, dans le vin l'influence du vigneron et du vinificateur sur le résultat final est capitale. Deux rangs de vigne avoisinants donneront des résultats très distincts. Deux exploitations d'une même appellation ne produisent pas un résultat identique. Décréter un prix d'équilibre marchand n'incite pas à investir pour s'améliorer, à multiplier les tâches dans le vignoble, à tester de nouvelles méthodes, à soigner son outil de travail.

En conséquence, la filière n'est pas incitée à investir davantage. En tout cas, pas assez pour que chacun puisse se sentir impliqué par une spirale vertueuse, vers une amélioration constante de la qualité...

Troisième et dernière difficulté : cette transparence finit par peser sur le positionnement des prix de vente... Si les prix des vins augmentent progressivement au cours des ans, c'est plus par l'impact des politiques de santé publique ou fiscale que par la hausse du revenu des producteurs. Hormis nos chères stars du paysage viticole, surfant sur la vague de surenchères sans commune mesure avec la valeur d'usage du produit, le prix de vente départ cave n'a pas subi de véritable inflation depuis une vingtaine d'années. Même la bascule de l'euro ne semble pas avoir affolé les étiquettes des vins à moins de dix euros...

Bonne affaire pour les consommateurs, me direz-vous, mais pas très dynamique pour les opérateurs. Il faut dire que l'art de la négociation est difficile quand la couleur est annoncée d'entrée de jeu.

Le jeu des prix a été conçu et dirigé pour assurer une saine gestion des volumes disponibles sur le marché, et non pas comme une récompense de la qualité. Ce système est plus sensible à une stabilité des revenus des vignerons qu'à une conquête de parts de marché.

La plupart d'entre vous estimeront sûrement que le produit doit avant tout faire la preuve de sa supériorité pour justifier une prime de qualité. Mettez-vous à la place d'un jeune vigneron ou d'une entreprise soucieuse de se lancer sur un nouveau terroir. De combien de temps vont-ils disposer pour faire leurs preuves ? Quelles ressources financières et humaines vont-ils devoir déployer pour émerger ? Sans repères pour estimer le bon niveau de prix, la fixation d'un positionnement de prix est l'une des tâches les plus complexes et ardues du métier. À partir d'une feuille blanche ou en liaison avec des appellations déjà établies, le prix du travail accompli ou du concept mis au point est rendu délicat par l'existence de ces cours qui nivellent le système.

Penser que la solution réside dans la dégustation est limitatif. En face d'un marché excédentaire, la probabilité est forte que des qualités équivalentes soient disponibles. C'est pourquoi nombre de produits de grande consommation fondent leur succès sur d'autres aspects que leur performance technique. Surtout lorsqu'on sait que la dégustation est un art difficile et subjectif. Faire admettre la qualité intrinsèque de son vin est une tâche ardue, longue et aléatoire, soumise à fluctuation à chaque millésime. Je vous laisse imaginer le laps de temps nécessaire entre le premier geste de sécateur et l'installation d'une réputation. La mission d'une vie...

La fixation d'un prix d'équilibre de marché n'est pas la seule voie empruntée par le milieu viticole pour tenter de réguler la rémunération des apporteurs de raisin. Loin de là. Une intense créativité a émaillé l'histoire de la viticulture française. Nous passerons rapidement sur la période « administrée » de l'après-guerre qui nous a menés jusque dans les années 1980 et qui donnait au préfet de la République le pouvoir de régir les prix du raisin dans certaines appellations prestigieuses. Une haute autorité de l'État qui agit toujours dans l'ombre, puisque c'est toujours elle qui « ouvre » le ban des vendanges, c'est-à-dire fixe et autorise les périodes de ramassage des baies de raisin. Une compétence qui plonge le béotien dans un océan de perplexité, voyant difficilement la justification d'une telle procédure préfectorale de nos jours...

Beaucoup de schémas ont tenté de se mettre en place pour essayer de paramétrer les cotations de ce précieux liquide. Le plus célèbre reste celui mis en place dans la région champenoise, qui cherchait à mettre en équation l'ensemble de la filière, en introduisant un paramètre « commercial » qui récompensait les efforts collectifs. Autrement dit, tous les acteurs du système, du pied de vigne jusqu'à la commercialisation, se retrouvaient autour du même intérêt collectif symbolisé par le prix moyen départ cave du champagne. La filière entière se trouvait liée par un destin commun et partagé pour défendre et faire progresser le prix de vente final de la bouteille, le vigneron voyant son raisin indexé sur une réalité commerciale.

Dans la pratique, il a fallu déterminer la répartition de la valeur ajoutée pour chaque acteur, entre l'apporteur de raisin, le maître de chai et le négociant. Un jugement de Salomon a finalement tranché en faveur d'une répartition équilibrée entre le vigneron, le transformateur et le commerçant. Chacun se partagera un tiers du prix moyen d'une bouteille vendue. Autrement dit, en comptant sur les bonnes pratiques culturales du vigneron, le talent de l'œnologue et l'art de la négociation du vendeur, le travail commun de cette équipe de choc devrait se refléter dans le prix de la bouteille.

Ce système de base a dû faire l'objet d'aménagements pour stimuler les efforts individuels et les situations particulières, rémunérer des négociations spécifiques, comme :

– des primes de prestige liées au classement des parcelles ;

– des primes de conjoncture liées à la réservation de certains volumes ;

– des primes de qualité liées à la performance du millésime ;

– des primes finançant des processus viticoles spécifiques ou des aides techniques ;

– des primes liées à la demande de cépages particuliers ;

– des primes commerciales rémunérant la fidélité, les engagements à long terme ou la participation aux bénéfices de la maison de Champagne.

Des aménagements dans lesquels certains opérateurs se sont engouffrés lors de l'emballement de la demande des années 2000, et qui ont menacé le système d'implosion. Dès 2004, près de la moitié de ces contrats pluriannuels n'ont pas été renouvelés, ajoutant une insécurité croissante propice à l'envolée des cours. Ce phénomène de rareté des sources d'approvisionnement et une spéculation sur le marché du vin sur lattes ont fini de déstabiliser le système et de renchérir le prix de la matière première en sortie de pressoir. Sans aucun lien mesuré avec la qualité objective et le prix du produit délivré.

Autre système bien connu, le prix au « kilo-degré » a connu ses heures de gloire dans les années 1970. Particulièrement adaptée à une production de masse indifférenciée et à une gestion coopérative égalitaire, cette fixation de la rémunération du travail des vignerons a permis de travailler sur des paramètres simples et incontestables. À ceci près que de résumer la contribution de l'apporteur de raisin au taux de sucre contenu dans le fruit récolté paraît réducteur.

Le système a survécu en suivant une nécessaire sophistication, incitant les opérateurs à évoluer dans leurs pratiques viticoles, leurs rendements et l'adoption de cépages « améliorateurs ». Ont été mis en place, avec grande difficulté, des indices susceptibles de faire varier à la hausse ou à la baisse certains critères qualitatifs. Des facteurs qui sont plus ou moins influencés par le résultat final.

Une batterie d'indices est venue récompenser des facteurs intangibles comme :

– l'exploitation de parcelles classées AOC ou vin de pays ou vin de table ;

– la replantation de cépages qualitatifs ou internationaux ;

– des parcelles conduites en agriculture raisonnée, biologique ;

– une maîtrise de la taille et des gestes en faveur du fruit ;

– l'état sanitaire du matériel végétal.

Une autre version de calcul plus complexe a consisté à entrer dans l'évaluation du résultat final :

– dégustation et analyse des baies ;

– maîtrise des rendements ;
– adéquation au marché ;
– arbitrage d'un évaluateur tiers.

Plus révolutionnaire, la technologie semble venir aujourd'hui au secours de l'équilibre des marchés. L'évaluation en amont de la qualité est au cœur de toutes les discussions entre les acteurs du système. Une procédure juste, équilibrée et équitable est au centre des enjeux de la filière.

Des mesures scientifiques et correctement étalonnées peuvent venir efficacement mettre en lumière le résultat d'une vendange. Certaines coopératives ont déjà adopté ces pratiques et partagent avec leurs adhérents des outils informatiques fournissant une image de leur contribution.

Ses concepteurs ont considéré que le suivi en amont de la qualité devait faire l'objet d'un paramétrage précis et fondé. Plusieurs dizaines de critères sont recensés et notés durant toute l'année. Puis un suivi par prélèvement des maturités par parcelle apporte des éléments analytiques sur le résultat attendu, et ce avant le déclenchement de la vendange pilotée par le chai. Ainsi arrivent en quai de réception des lots déjà identifiés, pouvant être suivis en vinification.

Travaillées et préparées avec minutie, ces règles de mesure de la performance s'inscrivent dans la durée. Grâce à un contrôle des baies à la réception, certaines structures mettent en place des critères d'évaluation qui font varier le prix de la récolte à la hausse ou à la baisse. Non seulement des grilles de notation évaluent les échantillons sur des paramètres traditionnels (poids moyen des baies, sucre, alcool...), mais encore le potentiel de transformation du fruit en vin est évalué par la teneur en anthocyanes, le taux de botrytis...

Afin de donner à l'évaluation finale du produit un caractère transparent, un bilan est fait après vendanges et chaque parcelle est jugée par rapport aux autres. Que ce soit au niveau de la conduite de la vigne ou au niveau de la mesure du fruit récolté. Et des propositions d'amélioration sont prodiguées au vigneron. Car la tradition veut que l'engagement moral du vigneron se limite à la « fourniture d'un raisin sain associé à un rendement déterminé ». Et que l'équité prime entre tous les acteurs.

Il s'agit d'engager la filière amont dans une prise de conscience de son rôle moteur : c'est dans un cercle vertueux et dans un dialogue factuel que pourront sortir de meilleures pratiques. Un pas vers la reconnaissance du travail bien fait, à tout le moins conforme aux attentes.

Autre technique conçue pour contrebalancer les aléas climatiques et régulariser le revenu des producteurs, il est possible de jouer sur l'équilibre de l'offre et de la demande. De nombreux bassins de production (Champagne, Rioja, Chablis entre autres) ont opté récemment pour une gestion volumétrique des millésimes. Des volumes plus ou moins importants sont mis en réserve lors de récoltes excédentaires pour faire face et anticiper des situations de pénurie à venir. Que ce soit un *inventario cualitativo* ou des Volumes compensatoires individuels (VCI), la recherche d'une régulation des volumes se veut être un outil de régulation servant à éviter des mouvements erratiques de prix des vins en cas de mauvaise récolte et à permettre la poursuite d'un développement commercial régulier à long terme d'un bassin de production. Les marchés acceptent de plus en plus difficilement des phénomènes de yoyo perturbant les équilibres concurrentiels, interrompant les référencements et ne correspondant pas à une réalité qualitative tangible perçue par les consommateurs.

D'autres pays ont suivi des logiques différentes. Au Chili, les apporteurs de raisin font partie intégrante de grandes filières agricoles. Ils pratiquent souvent plusieurs activités en parallèle et sont des professionnels de l'exploitation fruitière. Ils ont l'habitude des méthodes de travail des acheteurs des multinationales. Ils se sont adaptés à des catégories et des classifications pratiquées dans le monde entier pour les pamplemousses, les pommes ou les oranges. Très vite se sont imposés dans la filière raisin des prix en fonction du calibre, du poids et de l'aspect extérieur du fruit. Leur transposition dans le monde viticole a été une évidence et l'ensemble de la production est classé en quatre catégories – A, B, C et D – dont les prix évoluent de manière indépendante.

La construction d'une qualité régulière du produit à long terme est au centre de toutes les réflexions de la filière. Elle est le préalable à l'élaboration d'une relation fidèle du client à un vin et à une marque. Elle passe par des liens beaucoup plus étroits entre apporteurs de raisin et négociants, qui doivent avoir pour base la confiance et une juste répartition de la valeur ajoutée entre apporteurs de raisin et négociants. De nouveaux contrats apparaissent dans lesquels les négociants s'engagent sur une longue période à acheter et rémunérer les viticulteurs, intègrent des variables d'ajustement, conviennent des méthodes et des résultats attendus avec les producteurs. Ce mode de fonctionnement réclame beaucoup de transparence et de travail d'équipe, afin de mieux tirer profit d'une appellation qui reste une propriété collective. Encore faut-il que les règles soient respectées et partagées par tous. Comme le dit Dominique Mounier[32], « on ne peut pas construire une marque éthique dans une entreprise où toutes les autres seraient cyniques. »

Quel que soit le modèle adopté, il faudra déboucher sur des rémunérations qui reflètent la qualité du produit et les attentes du marché. Un secteur exposé aux marchés internationaux doit pouvoir partager efficacement les fruits de son expansion et récompenser les acteurs qui font les efforts et prennent le risque de suivre les désirs du marché. Construire la conquête de parts de marché et investir sur les territoires en développement ne peut pas se faire au milieu d'une spéculation de négociants sans lendemain.

32. Directeur général de Louis Jadot, négociant bourguignon.

CHAPITRE 8

La résistance au changement

... Fait d'opposer une force à une autre,
de ne pas subir les effets d'une action

Dans un monde en proie au vertige de l'accélération des innovations technologiques, le vin français semble défier les lois de la nature et de l'évolution. Il semble frappé d'un immobilisme salvateur, d'un enracinement culturel profond et promis à l'éternité. Surtout ne rien changer, semblent exhorter les bonnes fées.

Mais le vin de notre pays peut-il échapper aux lois du darwinisme ? Est-il armé pour se dresser telle une statue du commandeur au-dessus des lois de la physique ? En somme, est-il insensible au progrès ?

Pour comprendre les résistances au changement que génère le vin, il faut prendre conscience qu'il s'agit d'un produit difficile à appréhender. Son opacité rend l'acte d'achat risqué et les critères de choix délicats à manier. Le client est un peu perdu face aux rayonnages de la culture en bouteilles et au manque de repères pour juger, classer, organiser et décider en toute connaissance de cause.

Faisons un petit détour sur les bancs de la faculté pour éclairer le mécanisme complexe de l'acte d'achat. Georges Chétochine, fervent défenseur de l'analyse des comportements en matière de décryptage des critères d'achat du client, enseignait à ses étudiants de l'université Paris-Dauphine que les consommateurs se prononçaient toujours pour un produit en fonction de deux grandes clefs de lecture de leurs besoins.

Prenons un acheteur qui, en quelques fractions de seconde, doit d'abord faire le tri dans une masse colossale de connaissances captées, accumulées et stockées lors d'expériences précédentes ; puis il doit les ordonner en fonction de ses priorités du moment et enfin, les synthétiser et décider en connaissance de cause. Vous aurez beau faire le meilleur produit de la région, il se peut que la préoccupation du client à ce moment précis soit concentrée ailleurs. L'humeur du moment, les préoccupations professionnelles, les circonstances de consommation vont influencer son choix. Imaginez-vous un instant au restaurant devant une carte des vins et visualisez le travail de votre esprit face à cette liste : vont se télescoper les régions de production, les cépages, les millésimes, les prix... Et puis vous devrez croiser le choix de votre menu, le goût de vos invités, le motif du repas, l'agenda de la journée, la sympathie du sommelier, la météo... voire confronter votre recommandation à l'un des convives à la réputation reconnue. Le processus de choix est ainsi d'une extrême complexité et vous pourrez expérimenter ce phénomène dans la majeure partie des circonstances, dans tous les circuits de distribution et ce quelle que soit la nature du produit.

Or, votre cerveau a horreur de la complexité. Il va avoir besoin d'opérer une rationalisation de ses choix et procéder à une simplification quasiment outrancière afin de gagner du temps. Et cela va commencer par un ordonnancement des critères. Imaginez deux dimensions qui composent la perception du produit, les circonstances, les contraintes, les envies, l'intensité du besoin. Elles vont piloter la décision d'achat et sont éminemment individuelles. En un temps très court, elles vont constituer ce que les experts du comportement appellent aujourd'hui «un instant de vérité», une synthèse où s'agrègent l'ensemble des données pour former un faisceau d'arguments organisés selon deux types de critères. Les premiers, d'ordre physique, évalueront son signifiant (sa forme, sa fonction, son origine, son producteur...) ; les seconds, d'ordre psychologique, traceront son signifié (son bénéfice attendu lors de la dégustation).

La plupart des objets de consommation ont une richesse d'évaluation qui met en évidence une multitude de critères facilement mesurables et comparables à d'autres produits de la même famille. Ce sont ceux-là que les spécialistes du marketing décortiquent, pour mettre en valeur les facettes les plus séduisantes du produit. Ils procèdent à un travail de différenciation qui permet d'éloigner et de distinguer les produits les uns des autres. Les véhicules automobiles, les montres, les boissons carbonées, les lessives, le café, les ordinateurs jouent sur une large palette d'arguments techniques et de charge émotionnelle.

Pour d'autres, la notion de nécessité impérative, un achat contraint ou une banalisation de l'offre font surgir un flot de propositions indifférenciées. Le combat se concentre alors sur très peu d'éléments vitaux : le prix ou la praticité, les fonctionnalités, jouent souvent un rôle central (les yaourts nature, le lait, l'essence, les billets d'avion, l'assurance...).

Restent enfin des situations où l'une des dimensions est hypertrophiée et domine l'autre, soit parce qu'elle rend caduque l'une des dimensions du produit proposé, soit parce que le produit résiste à toute tentative d'analyse ou de grille de lecture.

Dans le monde du vin, le constat qui s'impose est que nous sommes face à une configuration d'achat où cette équation, cet équilibre entre la perception fonctionnelle et celle supportée par ses aspects psychologiques, est assez fortement déséquilibrée. Il nous est très difficile de décrire aisément le produit, de le différencier physiquement par rapport à son voisin, de donner des indications précises sur la suavité, l'intensité des tanins, la richesse aromatique, l'amertume, le caractère boisé. Chacun d'entre nous développe une sensibilité organoleptique particulière, ce qui joue fortement sur notre profil de dégustateur. Les tests à l'aveugle sont particulièrement instructifs à cet égard et illustrent des écarts importants de perception d'un individu à l'autre. Les catégories définies par la profession sont d'une aide toute relative. Les styles de vinification forgent des vins très différents selon la volonté du propriétaire et dans le cadre d'une même appellation. L'atomisation des acteurs ne rend pas aisée la mémorisation de noms connus associés à une méthode de travail, à une saga familiale ou à une image de marque. Tous ces éléments physiques manquent pour se faire une opinion équilibrée et transparente.

Comment hiérarchiser un vin par rapport à un autre ? Lequel est le meilleur ? Quel critère retenir ? En ce sens, le vin est un produit à l'opacité très forte, tellement forte qu'elle est certainement un frein à l'achat.

Et pourtant, ce produit subit un paradoxe étonnant au moment de sa consommation : sa dégustation déclenche immédiatement un jugement sur ses caractéristiques organoleptiques. Tout un chacun est capable de se prononcer et de dire: «j'aime», ou «je n'aime pas». Mais il est assez ardu de trouver un éclairage pertinent permettant d'accéder à ce type d'information au moment précis de l'achat et d'obtenir une perception précise de la dimension physique du produit.

Comme pour beaucoup de produits à forte dimension organoleptique, chacun d'entre nous a une perception éminemment personnelle du vin. Hautement respectable et irréconciliable. Hormis certains défauts rédhibitoires, chaque jugement de valeur est recevable. Dans une dégustation, c'est d'abord l'humilité qui compte. Chacun prononce un jugement de valeur en son âme et conscience. Mais il est fonction de multiples phénomènes qui viennent enrichir, appauvrir, mettre en perspective l'appréciation d'un vin. Le rôle de la culture, de l'apprentissage, de la capacité à trouver les mots justes, est essentiel. Nos habitudes alimentaires, l'entraînement des papilles gustatives à des sensations variées, l'expérience et l'échange avec des professionnels, l'entraînement et la connaissance des différentes expressions et styles de vin représentent des atouts indéniables. Mais pas si fréquemment partagés.

Si les dégustations permettent de briser cette barrière, elles restent relativement rares et confidentielles. Les revues spécialisées tentent d'informer par notes, étoiles ou médailles. Les cavistes ou les sommeliers essaient de traduire nos quelques pauvres indications en une proposition attractive. La tâche est difficile.

Il peut paraître surprenant de souligner que le vin fait partie des catégories de produits où les critères physiques sont relativement difficiles à mettre en évidence et à quantifier: il existe un grand nombre de revues et d'articles décrivant avec force détails ce breuvage. Et pourtant, nous pouvons considérer le vin comme un produit « opaque », très difficile à appréhender, avec une forte prise de risque au moment de l'achat.

Outre la pléthore d'offres, le vin ne livre pas facilement ses secrets. D'un point de vente à l'autre, l'assortiment est différent. Les critères de rangement par région ne suffisent pas. Le nombre de producteurs rend impossible leur mémorisation. Le prix ne semble pas toujours être synonyme de qualité. Une bouteille posée sur un linéaire de caviste adresse assez peu d'informations au client. Elle est relativement muette. Sur une surface réduite, il faut déjà placer les renseignements « obligatoires ». Ordre et priorité du nom du produit, importance et taille des polices, informations légales sur le vendeur, unités de mesure, mentions de composition, occupent la majorité des surfaces imprimables. Guère de place n'est laissée à des textes susceptibles d'éclairer le consommateur. Et, quand il est possible de décrire le vin, le vocabulaire employé use de termes souvent abscons ou ésotériques.

Le vin est loin d'être le seul produit à être difficile à décrire avec des termes du vocabulaire de « tous les jours ». Le même phénomène est vécu par d'autres professions proposant des produits à fort caractère gustatif que nous pourrions qualifier d'opaques, comme le parfum ou le cigare...

Les grandes chaînes d'hypermarché sont de très bons observateurs du désarroi du consommateur. Elles sont particulièrement conscientes de la difficulté du client : le temps de décision face au linéaire des vins est beaucoup plus long que pour d'autres catégories de produits et la rentabilité au mètre carré est plus faible qu'ailleurs. Les grands groupes de distribution réfléchissent à des solutions radicalement nouvelles pour sortir le vin de son ghetto. Hors des foires aux vins, le secteur trouve difficilement une vitesse de croisière et une dimension en rapport avec son occupation des sols et sa contribution au chiffre d'affaires de l'ensemble des rayons.

Lors d'une table ronde organisée par le magazine *LSA* et l'Institut français du merchandising en 2008, le constat fut sans appel. Les professionnels de la filière viticole mesurèrent le chemin à parcourir. L'interprofession bourguignonne s'interrogea à cette occasion sur la profondeur et l'organisation de l'offre. Xavier Jungmann du BIVB[33] relevait qu'« avec quelque 600 références en moyenne dans les hypermarchés, le rayon vins est l'un des plus touffus. C'est une sorte de caverne d'Ali Baba dans laquelle le consommateur passe beaucoup de temps (six minutes en moyenne) pour choisir un vin, produit statutaire par excellence. Mais, au final, un quart des visiteurs du rayon repartent sans rien acheter ».

L'abondance de choix nuit à la performance. Et nécessite un tant soit peu d'analyse comportementale et d'adaptation aux usages du client. Face à cet embarras et à une perception très forte du risque de se tromper, le temps de réflexion s'étend au-delà du raisonnable. Six minutes sont excessivement longues pour un choix d'article, sachant qu'il ne faut pas plus d'une demi-seconde pour repérer visuellement un produit de consommation sur un linéaire[34]. Sans pour autant tomber sous la barre des trente secondes de

33. Bureau interprofessionnel des vins de Bourgogne. Article paru dans *LSA* de novembre 2008.
34. Résultat d'une étude de *Eye Tracking* du linéaire « bières » par le Japan Consumer Marketing Research.

présence dans le rayon « lait » ou « conserves de légumes », une marge de progrès est possible pour sortir le consommateur de son embarras.

En prenant l'exemple de catégories de produits voisines à forte dimension statutaire, le rayon des whiskies montre qu'une configuration différente d'un linéaire peut apporter de sérieuses pistes d'amélioration. Sachant que le temps de choix d'une bouteille de whisky est moitié moins long que pour un vin, il est néanmoins possible d'améliorer encore cette performance. Grâce à de nouvelles méthodes de merchandising efficaces, il a été possible de rendre le parcours de l'acheteur plus simple et plus rapide. En réaménageant la section concernée, le temps de choix face au linéaire a pu descendre récemment de 2,23 minutes à 1,47 minute, rien qu'en optimisant et en rationalisant le rangement de l'offre conformément à la grille de lecture du client. Et les équipes à l'origine du projet ont vu leur performance commerciale augmenter en élevant le panier moyen consacré au produit.

Le temps consacré au choix est inversement proportionnel au niveau de risque que perçoit le client. Plus le risque est grand de se tromper, de perdre la face lors d'un dîner ou de ne pas entrer dans un rapport qualité/prix satisfaisant, plus l'acheteur est fébrile et perd du temps. Dans ces conditions, il est très difficile d'apporter du dynamisme, de la nouveauté ou de suggérer un changement. Déjà le millésime en lui-même est perçu comme un risque majeur, un aléa fort. Raison de plus pour que le consommateur soit plutôt attentif à tout signe rassurant afin de verrouiller son choix. Dans ces conditions, créer les conditions de l'expérimentation, provoquer une innovation forte dans le secteur est un défi complexe qui soulève de très fortes résistances. Et en France tout particulièrement.

Par voie de conséquence, la filière est très prudente dès qu'il s'agit d'introduire un élément nouveau. *A fortiori* lorsqu'il est très visible. Le cas récent de l'introduction des capsules à vis dans le processus de bouchage des vins est éclairant à plus d'un titre.

La technologie du bouchage à vis appliquée aux vins est connue et maîtrisée depuis longtemps. Elle est appliquée à des vins depuis très longtemps. On doit son optimisation à des ingénieurs français de Rhône-Poulenc qui ont trouvé dans les années 1950 une nouvelle application technique fiable pour fermer hermétiquement des bouteilles en verre, s'ouvrant de nouveaux débouchés pour leur filière aluminium. Elle n'est pas fondamentalement différente des systèmes en usage dans l'industrie pharmaceutique. Mais il fallait l'adapter au dessin et aux tolérances de dimensions du col des bouteilles. Le principe est simple : exploiter les qualités mécaniques de l'aluminium pour emprisonner un joint d'étanchéité entre la capsule et le verre de la bouteille, afin d'assurer une fiabilité du bouchage et une inviolabilité de la bouteille. Avec à la clef une ouverture simplifiée et la possibilité de refermer efficacement le contenant. Que des avantages, me direz-vous...

Seulement voilà. Cette technologie s'est attaquée frontalement à un mythe : le bouchon en liège.

Pour fermer hermétiquement un contenant, la méthode n'a pas fondamentalement changé depuis l'Antiquité. Des amphores romaines et des barriques gauloises en bois ont employé les qualités du liège pour protéger et sceller leur ouverture. Tout naturellement, dès l'avènement du verre comme écrin du vin, le liège a rapidement été utilisé, dès lors que le matériau pouvait s'adapter à des parois irrégulières de verre de par sa nature expansive.

Et le vin s'est marié pour le meilleur et le pire pendant des siècles avec ce produit issu comme lui du monde paysan. Avec le temps, ils se sont associés dans une sorte de pacte de Faust liant leur destin à jamais. Car dans l'inconscient collectif, le bouchon participe activement au processus de vieillissement du vin et à sa bonification en cave. Son action est censée apporter une valeur additionnelle au vin dans la durée. Certains ont même été tentés d'affirmer que le vin respirait et s'améliorait au travers du bouchon. Remettre en cause ce mariage ne pouvait que soulever de fortes polémiques.

En cette occasion, le liège s'est trouvé un allié, un associé précieux orchestrant le cérémonial indissociable de l'acte de partage et de convivialité du service du vin : le tire-bouchon. Ensemble, ils vont orchestrer la résistance à la capsule à vis dans l'Hexagone.

Il n'est un secret pour personne que le bouchon en liège a un défaut majeur : il peut dégrader le vin et le rendre impropre à la consommation. La cause du mal est maintenant scientifiquement établie. Une molécule contamine assez vite le vin à des degrés variés et lui apporte ce goût très désagréable de moisissure, de bois putréfié, de poussière, de papier journal ou de cave humide. Le phénomène est aujourd'hui incontesté mais reste souvent difficile à détecter avec certitude avant embouteillage, tant le pouvoir de nuisance de cette molécule est puissant, et ce à des dosages infinitésimaux : de 2 à 5 particules par milliard suffisent à polluer le vin, si tant est que votre palais puisse le détecter avec certitude.

Mais le bouchon en liège peut aussi apporter d'autres défauts au vin, déclenchant de vifs débats dans la profession. En tant que produit issu de la nature, ses qualités mécaniques ne sont pas strictement stables et reproductibles. Si bien que des œnologues reprochent à ce bouchage son manque d'étanchéité et une part de responsabilité dans l'oxydation prématurée du vin. Certains vins blancs réputés extrêmement sensibles à l'oxygène ont subi des altérations irrémédiables après mise en bouteille. D'autres ont vu leur fraîcheur ou leurs arômes disparaître. Convoqué sur le banc des accusés, le liège a été critiqué pour son insuffisante étanchéité et sa dégradation au fil du temps. Bouteille couleuse, bris de bouchon, dégradation du matériau, de graves et pernicieux défauts vont ainsi pénaliser le savoir-faire du vigneron et désigner le bouchon seul responsable du manque d'intérêt de son vin.

Mais combien de bouteilles sont-elles concernées au juste ?

Les statistiques sont nombreuses sur le sujet et divergent fortement suivant la définition donnée au défaut incriminé. Les plus pessimistes acteurs de la restauration avancent le chiffre de 7 à 8 % de bouteilles ayant un défaut. Mais ils mêlent l'ensemble des réclamations de leurs clients, quelles qu'elles soient. Les professionnels concernés par la fabrication du liège avancent un taux de 1,2 %, qui sous-estime notoirement le phénomène. La vérité est sûrement entre les deux...

Les données les plus crédibles proviennent des grandes compétitions internationales, là où des milliers de vins venant du monde entier sont ouverts en même temps et examinés par des jurys de professionnels entraînés et guidés par un protocole de test rigoureux. Avant d'être soumis à l'évaluation des experts, les échantillons sont vérifiés et dégustés pour éliminer les vins impropres à concourir. Les résultats de ce tri sont suivis avec grande attention chaque année par les producteurs, extrêmement attentifs à ce défaut rédhibitoire qui peut contaminer un lot entier de vins. Les chiffres sont d'une assez grande régularité et paraissent sans appel. C'est ainsi que les jurys éliminent systématiquement chaque année à Londres depuis 2002 un pourcentage assez stable de bouteilles, quels que soient les millésimes et la région d'origine. Ce taux atteint entre 4,4 à 4,9 % de produits défectueux, ce qui est loin d'être négligeable. Il nous alerte ainsi par un précieux indicateur de l'intensité des problèmes de qualité de la production mondiale.

Mais il s'agit de l'ensemble des bouteilles écartées lors de la compétition. Toutes ne sont pas exclusivement bouchonnées. D'autres défauts entrent en ligne de compte comme les phénomènes de réduction (senteur sulfurée d'œuf avarié), d'oxydation prématurée (perte de saveur, plat, aqueux, nez inexistant, couleur rouille de la robe) et d'autres odeurs phénoliques de cuir, d'écurie…

Devant la polémique soulevée par ce taux très élevé de défaut et attribué dans un premier temps exclusivement au liège, des analyses complémentaires ont été faites pour en avoir le cœur net. La contamination par le bouchon a fait l'objet de tris spécifiques et les échantillons écartés représentent finalement environ 3 % de vins définitivement classés comme contenant un « goût de bouchon ». Sur une quantité de plus de 11 milliards de bouteilles obturées en liège, cela représente un volume estimé à plus de 300 millions de bouteilles impropres à la consommation chaque année. Un vaste gâchis de talent, d'énergie, de moyens, mais surtout une perte sèche pour les producteurs qui sont victimes de cette contamination et des conséquences graves pour leur réputation, car, dans bien des cas, c'est le vigneron qui est désigné coupable. Le client rend responsable le fabricant du vin et pas celui qui réalise les bouchons. Et quand les goûts déviants nés d'un bouchage défectueux ne sont pas totalement imputés aux odeurs de bouchon, c'est le vin et son auteur qui sont disqualifiés par le consommateur.

Quelle autre activité humaine pourrait accepter un défaut aussi célèbre, supporter la survivance d'un phénomène rendant un produit impropre à la consommation et destiné à finir dans l'égout ?

Mais la résistance au changement est forte dans le monde conservateur du vin. Le goût de bouchon fait presque intrinsèquement partie des symboles forts de la galaxie du vin. Le premier réflexe n'est-il pas de vérifier ce défaut avant même d'apprécier le vin ?

Et si peu de consommateurs prennent la peine de retourner leur produit défectueux. Pas vu, pas pris, dit le dicton. Comme si cet aléa faisait partie des incontournables du vin. Une sorte de main invisible, de loterie où le client perd à tous les coups.

Qui n'a pas vécu l'expérience de sortir du fond de sa cave un flacon oublié ou la dernière bouteille d'une caisse de vin d'anthologie, de la remonter précieusement et avec précaution, de la contempler du regard, de l'ouvrir cérémonieusement et de constater désespérément sa contamination par un bouchage déficient…

En la matière, les fournisseurs se sont mobilisés. Depuis des décennies, les innovations se succèdent.

La première voie a consisté à préserver les apparences.

Prévoyant à juste raison une certaine résistance à la nouveauté, les producteurs se sont tournés vers des répliques en matériau synthétique. Avec plus ou moins de bonheur. Mais les apparences étaient sauves. L'emploi du tire-bouchon et la couleur beige du matériau entretenaient l'illusion. La diffusion de ces alternatives a bien servi l'extraordinaire diffusion du vin, au point de représenter à une époque près d'un tiers des systèmes de bouchage utilisés dans le monde.

La seconde voie a impliqué les fabricants de liège dans une amélioration de leurs processus de production. Conscients du développement rapide des volumes de liège à transformer, ils ont amélioré leurs processus pour tenter d'éliminer au maximum le risque. Puis, choisissant d'investir dans une course à la haute technologie, ils ont mis au point des technologies tentant d'éradiquer le phénomène en employant des traitements de plus en plus sophistiqués et coûteux du bouchon[35].

Enfin est apparue la capsule à vis. Avec force dans le Nouveau Monde.

Motivés par une démarche de modernité, chargés d'un historique moins pesant, récoltant et élevant des vins très aromatiques, les vignerons de l'hémisphère Sud ont été un terreau idéal pour la capsule à vis. Au premier rang desquels les Néo-Zélandais et leurs subtils sauvignons et pinots noirs. Sans *a priori* et avec un pragmatisme très anglo-saxon, les promesses

35. Comme les bouchons Diams traités par un procédé éliminant les composants contaminants qui entrent dans l'apparition du goût de bouchon.

techniques ont vite suscité l'adhésion des producteurs et 90% de la production de ce pays est aujourd'hui assurée par la capsule à vis. Suit de près l'Australie avec 60% de l'ensemble des bouteilles fermées à vis.

En parallèle, les pays de nord de l'Europe, très ouverts aux emballages innovants et efficaces, faisant figure de catalyseur des tendances de consommation du vin, se sont engagés dans une croisade pour la capsule à vis. Pour eux, il s'agissait enfin d'une réponse simple à l'un des grands reproches faits aux producteurs de l'Ancien Monde. Toujours à l'affût des failles de la filière, ne supportant pas les odeurs déviantes, piégeant le manque de netteté des vins, c'est avec autorité que ces pays ont tenté d'accélérer cette innovation. Dans la vieille Europe en particulier. Exigeant à juste raison que le monde viticole bouge sur le sujet, certaines grandes enseignes ont tout simplement été tentées d'imposer la capsule à vis comme prérequis pour poursuivre une relation commerciale. Seule voie pour provoquer une réforme des pratiques ancestrales et provoquer un sursaut salvateur.

En France, les consommateurs restant largement favorables au bouchon, la prudence s'est imposée. Face à une innovation aussi radicale, trois grandes catégories de réactions se sont fait jour dans le milieu viticole :

– une attitude réfractaire et conservatrice : prêt à tout pour sauvegarder l'immobilisme, certains sont allés jusqu'à menacer de déclassement les réformateurs osant brader le patrimoine national sur l'autel de l'efficience (le déclassement de l'appellation du vin s'apparentant à une déchéance) ;

– la discrétion : sans polémiquer et tendant une oreille bienveillante aux désirs de leurs clients, certains producteurs de très grande réputation ont finalement apposé la vis sur leurs vins. D'autres ont procédé à de multiples essais de vieillissement comparatif vis/liège, dans la plus grande discrétion et à l'abri des regards. La plupart des producteurs assurant des grands volumes ont suivi la tendance en ajoutant cette technologie à leur portefeuille d'options, constatant la vague déferlante de bouteilles à vis en provenance du Nouveau Monde ;

– le ralliement au camp des « partisans » : les Lurton, Blanck et Laroche ont vu là une excellente opportunité de devancer l'appel et de traiter l'innovation comme un changement de dimension, adoptant cette technique comme un saut qualitatif déterminant. Et surtout d'en faire un outil de communication et de propagande en faveur d'une nouvelle gestuelle.

L'innovation a été traitée comme telle par la maison Laroche. Elle reste un cas d'école.

L'entreprise, habituée à gérer et à intégrer des processus innovants, a très vite placé la vis parmi les sujets prioritaires. La vis a été soumise à une série d'expérimentations et de validations comparatives, sans tabou. Plusieurs modèles de bouchon ont été testés sur un même lot de vin et dégustés à l'aveugle chaque année pour évaluer leur évolution. À chaque séance, la vis est arrivée largement en tête. Tant et si bien qu'après un premier millésime de chablis conditionné grandeur nature sur un premier cru très prometteur, la confirmation des qualités de ce compromis technique a imposé l'application de la technologie à l'ensemble de la production des sites de la maison Laroche.

Outre l'élimination de l'odeur de bouchon, elle permettait de progresser dans la maîtrise des dérives de goût, dans la régularité de résultat d'une bouteille à l'autre et dans le respect de l'esprit du vin tel que signé par l'œnologue. Réservée dans un premier temps aux meilleurs des grands crus du Domaine Laroche, la vis a fait l'objet de lancements dans tous les pays en visant à démontrer la confiance accordée à cette nouvelle technique. Associée étroitement à de nouvelles pratiques dans les chais de vinification, elle a permis d'aller plus loin dans la connaissance et la maîtrise des bonnes pratiques de production (règles de vinification, pré-mise des vins, concentration minimale en soufre, tiré-bouché…). Les méthodes de vieillissement et de stockage furent revues de fond en comble.

L'innovation fut si vite adoptée par la clientèle que la montée en puissance a été très rapide à l'international. Le bouchage a été étendu et adopté par plus de 60 % des formats de bouteilles de la maison. Seule la France continua à résister et à préférer le bon vieux liège, et ce malgré l'accueil très favorable des prescripteurs, journalistes et leaders d'opinion du secteur. Il n'est ici nullement question de querelle entre anciens et modernes. De nombreux jeunes sommeliers français sont convaincus que la vis ne représente pas un avantage déterminant. Et les nouvelles générations de clients restent sceptiques et ne souhaitent pas se débarrasser de leur tire-bouchon. Pourtant, ce sont les mêmes qui acceptent et assimilent les outils les plus avant-gardistes.

À ce sujet, un parallèle saisissant a été tenté entre la révolution des modes de diffusion musicale et le changement qu'implique le recours à la vis. Dans les deux cas, le saut qualitatif est très fort. Passer du liège au synthétique, puis à la capsule à vis ne change pas fondamentalement le produit final. C'est principalement l'emballage ou le support qui varie.

Dans le cas des supports de reproduction musicale, le même type d'évolution est à l'œuvre. Nous sommes passés en moins d'une génération du disque vinyle au CD, puis au MP3 et à la dématérialisation, éliminant au passage les options techniques imparfaites (la cassette audio, par exemple). Le changement technique est considérable. Pourtant, le message musical n'a pas changé fondamentalement. Les œuvres de Mozart, de Ravel ou des Beatles restent les mêmes. C'est le contenant qui a évolué et a proposé des améliorations considérables du système d'écoute, une fiabilité et un accès plus aisé au contenu. Cette série d'innovations ne s'est pas faite dans la douceur. Elle a engendré des débats acharnés confrontant la chaleur de la gravure de la galette noire, le son métallique du CD ou les effets de la compression des fichiers musicaux. Mais personne n'a émis à ce jour le souhait de revenir en arrière.

Un processus similaire est à l'œuvre dans le vin. Le but n'est pas de transformer le contenu mais d'en mieux respecter les qualités... Comme pour la musique. Le changement ne vient pas révolutionner le fond mais la forme. Avec les mêmes arguments que le MP3 : facilité d'utilisation, fiabilité, restitution fidèle, stockage debout... Et pourtant, nous stagnons et ne réussissons pas à percer le mur de l'évolution en France. La transmission de l'innovation n'arrive pas à franchir complètement les obstacles et les résistances hexagonales. Nous ne sentons aucune prise de conscience de l'insatisfaction des clients, du gâchis de toutes les énergies et temps de travail consacré à produire au final un grand nombre de bouteilles défectueuses bouchonnées versées à l'égout.

Le vin est-il imperméable au progrès ? Sûrement pas.

Est-il capable de se remettre en cause ? Bien sûr.

Le liège associé à son cycle naturel et ancestral peut difficilement répondre à une demande de bouteilles et de bouchons en forte croissance et répartie sur cinq continents.

Passée de 200 millions dans les années 2000 à près de 2,5 milliards en 2009[36], en forte croissance – 25 % chaque année –, la technologie de la capsule à vis montre qu'il est possible d'avancer vers une nouvelle gestuelle, de démoder les copies de bouchon en matière synthétique et de détruire les dogmes les plus enracinés. Cette technologie va probablement prendre le même chemin que les révolutions idéologiques préconisées par les œnologues en leur temps. Les grandes étapes de la modernisation des chais sont aujourd'hui entrées dans les mœurs. Plus personne ne s'étonne de l'emploi à grande échelle de l'inox dans les cuviers des plus prestigieux crus bordelais. Château Palmer ou Cos d'Estournel en sont de parfaits exemples. On en vient même à souligner les vertus de ce matériau très design et à le préférer aux vieux foudres en bois, quitte à en restituer le charme par d'audacieuses formes tronconiques toutes d'acier vêtues.

Le métal n'a pour autant pas détrôné les barriques et autres parcs à fûts, logés au calme dans les caves des propriétés.

Preuve qu'il est possible d'évoluer sans trahir l'esprit du vin...

---

36. Soit une part de marché estimée à 15 % sur un total de 17,3 milliards de bouteilles produites dans le monde, à égalité avec les bouchons synthétiques et loin derrière tous les modèles contenant du liège, qui conservent près de 70 % du marché.

CHAPITRE 9

Les nécessités du monde des affaires

... Chose ou événement inéluctable qui exerce une force sur l'homme

Business et vin ne font pas bon ménage. C'est un peu un mariage incestueux.

L'argent serait un pur produit du hasard et de la nécessité. Il pèserait peu de choses au regard des valeurs culturelles que le vin véhicule. Peu de littérature est consacrée à ce sujet. Les discours de la profession sont souvent circonstanciés, fruits de sous-entendus, de légitimes combats corporatistes et de débats techniques. Car les enjeux sont lourds pour une communauté, une région, une appellation. Mais pourquoi argent et vin sont-ils comme le feu et la glace ?

D'abord à cause de la relation tout à fait étrange que le vin a avec l'au-delà, un pont jeté entre le passé et l'avenir. Peu de produits ont le pouvoir de faire remonter le temps et de projeter en arrière. Lorsque vous dégustez de vieux millésimes, c'est toute une époque que vous faites renaître, tout un monde de souvenirs que vous faites réapparaître. Ouvrir une bouteille datant de 1959 ou de 1947 représente plus que l'espoir de déguster des millésimes d'anthologie : c'est aussi détenir le pouvoir de revisiter l'histoire de cette époque, voir défiler les caprices de la météo de ces années-là, les événements personnels, historiques et culturels d'un passé révolu. Découvrir la robe d'un vin au travers de parois transparentes, c'est sentir sa propre vie se refléter au fond du verre et ainsi prendre conscience de son destin d'être humain.

La constitution d'une cave obéit aux mêmes mécanismes. Nombreux sont ceux d'entre nous qui ont reçu en héritage un stock de vieilles bouteilles que nous conservons et consommons en souvenir de personnalités disparues. Il en sera de même pour nos enfants, auxquels nous transmettrons quelques flacons de leur année de naissance ou témoignages d'heureux événements.

Le rapport de l'homme et du vin peut donc être d'essence passionnelle car c'est un moyen de transcender le temps et capable de nous confier des pouvoirs presque surnaturels. Une machine à remonter les ans qui inspire des émotions et un plongeon dans l'intimité du disque dur de nos souvenirs. Le vin devient ainsi porteur d'un lien transgénérationnel qui traverse les époques et notre condition humaine.

Le vin est aussi étroitement lié à nos racines religieuses et au monde spirituel. Il touche au divin et au sacré de l'ADN de la chrétienté occidentale. Il est même inscrit dans ce qu'il y a de plus intense dans les rites du catholicisme, lors de l'élévation en tant que « fruit de la terre et du travail de l'homme », temps fort de l'eucharistie qui révèle la foi en Dieu, cristallise la relation au Christ et transcende la vie de tout croyant. Il est donc naturel qu'un lien très fort unisse l'Église et le milieu viticole, comme en témoignent de nombreux vestiges ancrés dans nos campagnes. Il est patent qu'elle a eu une influence considérable, et contribué au développement de la vigne en France et ailleurs. Chablis, Cluny, Cîteaux, Aniane, Aubazine, Brantôme, Royaumont, Fontfroide, Saint-Germain d'Auxerre, Moissac attestent la capacité des abbayes à créer ou exploiter des domaines viticoles pendant près d'un millénaire, et ce jusqu'à la révolution de 1789. À ce titre, la Bourgogne est un excellent exemple de pérennité du patrimoine ecclésiastique. Il est une convention locale que d'affirmer que les moines de la région ont probablement tout inventé : la sélection des terres, le choix de l'encépagement, le dimensionnement des parcelles, la notion de cuvée, le zonage clos de murs, les techniques de vinification... Pour preuve, ils étaient les seuls à avoir l'éternité devant eux pour implanter la vigne et quêter un nectar divin. C'est ainsi qu'ils nous ont légué quelques-uns des plus illustres sites de production : Vougeot, Pommard, Richebourg... Que leurs successeurs ont su habilement valoriser et respecter.

Vin et religion ont donc des racines communes très anciennes qui nous éloignent beaucoup de l'économie de marché et nous empêchent d'en parler simplement, comme d'un simple autre produit de la filière agroalimentaire.

D'autre part, le vin est une affaire où l'art et la technique s'entremêlent. Un numéro d'équilibriste qui remet en cause son titre chaque année. Liée aux vicissitudes du climat, la recette n'est jamais tout à fait la même. Mais l'art ne paie plus. Pas facile de construire des modèles économiques dans des conditions instables et d'établir un juste positionnement du produit. Même si quelques producteurs bordelais voient le prix de leurs caisses de grands crus étrangement corrélés avec l'indice boursier new-yorkais Dow

Jones, l'immense majorité des hommes de l'art ont bien du mal à rémunérer leur talent. Pour quelques stars portées sur les fonds baptismaux par les notes de dégustation du critique Robert Parker, combien d'austères et anonymes sorciers se battent pour sortir de très solides candidats au succès ?

La rémunération des vignerons suit la précarisation du milieu paysan. Le portrait brossé à grands traits par le ministère de l'Agriculture et l'Insee est sans appel. Le revenu net des entreprises agricoles est devenu excessivement aléatoire, chutant de – 20 % en 2008 à – 35 % en 2009, puis se redressant de plus de 50 % en 2010. Impactés en 2009 comme les acteurs de la filière du lait (– 54 %), des fruits (– 53 %) ou des légumes (– 34 %), les actifs non salariés de la filière vin ont vu leur revenu baisser de 8 % et contribuer significativement à la baisse des cours des matières agricoles en 2009. Selon une note de conjoncture du site Agreste, « plus que les grandes cultures, ce sont les vins, notamment de qualité, qui contribuent principalement en décembre 2009 à la baisse des prix agricoles[37] ». La désertification se poursuit à marche forcée et à coups d'arrachages et de transactions immobilières. La fuite des cerveaux ne concerne pas que les cols blancs des grandes agglomérations. Dans les vignes, la foi s'émousse et le tâcheron déserte les campagnes. Selon une étude du Credoc réalisée en 2008, le nombre de vignerons indépendants devrait diminuer encore de 14 % d'ici 2015 et perdre plus de 4 400 producteurs[38]. Les esprits chagrins diront qu'un reflux de

37. Agreste Conjoncture, février 2010, ministère de l'Alimentation, de l'Agriculture et de la Pêche.
38. *Le Figaro* du 24 juin 2009.

citadins est perceptible, l'étayant par le cas de Jean-Paul Réveille, natif de Neuilly-sur-Seine, qui a choisi d'embrasser la carrière d'éleveur et a retrouvé sa vache Aïda propulsée telle une star hollywoodienne à l'affiche du salon de l'Agriculture 2010.

Une chose est sûre. Parler d'argent dans un secteur sous tension depuis des décennies n'est pas chose aisée. Et puis, les langues ne se délient pas facilement. Très peu de sociétés viticoles publient leurs chiffres. Et quels chiffres ? Dans l'économie viticole, chacun élabore ses comptes selon son statut, producteur, négociant, indépendant... et sa taille. Il y a encore peu d'enseignement de management qui canalise le secteur vers une convergence d'indicateurs. Les concepts de contrôle de gestion, de système d'information ou de comptabilité par engagement sont souvent peu développés. Sous un même libellé se trouvent agglomérées des fonctions, dépenses, avances sur culture qui varient en fonction des pratiques de chaque exploitation.

Autre difficulté, le cadre juridique et organisationnel des activités viticoles varie d'une région à l'autre. Dans le Languedoc, le secteur coopératif est dominant et obéit à des règles et à un objet social bien éloigné de la vision d'une société du secteur privé. En Bourgogne et dans le Rhône, ce sont les grandes maisons impliquées dans la production des vins qui régissent l'économie d'une région. À Bordeaux, les intermédiaires de la place de Bordeaux négocient les échanges économiques pour le compte des châteaux de la région. Face à cet écheveau complexe, il n'est pas facile de synthétiser et un principe commun de management ne peut être érigé en règle d'or. Et ce d'autant plus que les principes de la PAC (Politique agricole commune de l'Union européenne) font bouger les lignes, à deux niveaux. En premier lieu, elles rendent difficile l'interprétation de la performance économique pure car son impact financier pèse sur toute la filière agricole. En second lieu, elles viennent influencer les décisions stratégiques des acteurs et fausser le comportement d'organisations économiques qui auraient peut-être agi autrement sans l'intervention de Bruxelles.

Ce poids de l'histoire religieuse, culturelle, géographique et politique est indéniable et pèse lourd dans notre économie du vin. Il fait partie du patrimoine collectif et nous ferions une grave erreur de nous en affranchir. Mais il ne faut pas en rester prisonnier et se tourner résolument vers l'action et l'avenir. Car nous avons un seul point commun qui s'impose à tous les acteurs : le marché mondial.

Les résultats que reflète ce marché ne sont pas bons pour l'origine France. De surcroît, nous semblons souffrir là où nous sommes censés être excellents, dans nos régions les plus prestigieuses.

London Wine Trade Fair 2010 : le plus grand rassemblement des producteurs mondiaux depuis la célèbre panne de climatisation de Vinexpo 2003[39]. L'année 2009 a été sévère pour les acteurs français. Les chiffres s'amoncellent et indiquent un recul sans précédent de nos exportations, au profit des origines du Nouveau Monde. Les Anglais, experts en com-

39. Au plus fort de la canicule de 2003, le pavillon abritant les producteurs du Nouveau Monde lors du salon Vinexpo à Bordeaux avait subi une panne de climatisation, provoquant une vive polémique avec l'hémisphère Sud. La foire de Londres a habilement tiré avantage de cette mésaventure et est devenue la référence mondiale du business et le rendez-vous incontournable de la planète vin.

merce international du vin, nous le montrent tous les jours. De l'avis général, le marché britannique est devenu depuis une décennie le laboratoire mondial du marché du vin. C'est là que semble se jouer une partie du destin des opérateurs.

Fait essentiel : y cohabitent toutes les formes les plus avancées du commerce. Les grandes chaînes d'hypermarchés sont parties à la reconquête des centres ville depuis bien longtemps. Les marques des distributeurs avancent à pas de géant sur les dernières tendances de l'éco-conception des produits ou de la viticulture biologique. Les exigences des acheteurs en termes de certification, de normes d'hygiène, de qualité, de sécurité et d'environnement se font plus pressantes encore. Les promotions et le soutien sur le terrain animent de manière ludique et vivante le rythme des ventes. Les circuits de vente hors domicile sont particulièrement dynamiques à tous les niveaux de gamme, de la chaîne de gastro-pubs à l'élite des grands chefs. Les médias relaient dans la presse les performances culinaires et œnologiques dans un mariage festif et pertinent. Prise dans ce tourbillon économique, la France qui naguère fournissait l'essentiel des importations en Grande-Bretagne n'a pas su exploiter le filon et surfer récemment sur la vague de l'engouement des consommateurs.

Que nous confirment les acteurs du secteur lors de ce salon emblématique ?

– La grande distribution pèse plus de 70 % des ventes de bouteilles ;

– les deux tiers des ventes se font en promotion ;

– la consommation se fait dans les trois jours qui suivent l'achat ;

– le cépage est la clef d'entrée sur le marché ;

– la marque est un repère pour toucher le consommateur ;

– la capsule à vis est le bouchage porteur ;

– très peu de produits français émergent visuellement dans les linéaires ;

– le niveau qualitatif des vins français est hétérogène dans une même AOC ;

– de trop grands écarts qualitatifs sont perceptibles sur un même millésime ;

– nous manquons de moyens pour promouvoir nos vins ;

– nous attaquons le marché de manière dispersée.

Le cas britannique est un cas d'école. Il nous rappelle à l'ordre et dessine la nouvelle géopolitique du vin qui s'impose à tous les marchés. Excessif, peut-être, mais suffisamment préoccupant pour se poser les bonnes questions et se mettre en mouvement sans attendre un hypothétique maréchal Grouchy parti nous protéger de l'offensive ennemie.

Les statistiques sont sans appel sur une longue période : le train est parti sans nous. Sur le long terme, la part de marché du vin français dans les échanges internationaux n'a fait que reculer en volumes sous les coups de butoir du Nouveau Monde, passant de 29 % à moins de 20 %. Nous n'avons pas su saisir toutes les nouvelles attentes des consommateurs et avons laissé la concurrence dessiner les contours de la consommation de vins du XXIe siècle.

Comment avons-nous gâché une telle opportunité de marché ?

Même l'Espagne a réussi à tirer son épingle du jeu et a trouvé les ressources pour sortir de son culte du vin infiniment boisé, gagnant des volumes au tournant des années 2000.

Notre difficulté à saisir les opportunités de marché doit nous inciter à réfléchir à notre manière de faire du business dans le vin. Le constat du rapport intitulé « Vin sur Vin 2020 » rédigé en 2008 par Michel Roumegoux[40] est très symptomatique : nous ne serions pas en face « d'un problème de surproduction mais de sous-commercialisation ». Cette étude répète une fois de plus le diagnostic d'un dysfonctionnement de la viticulture. Elle insiste sur le fait que la filière serait principalement préoccupée par la gestion de sa production et ne se préoccuperait pas assez de ses ventes. Il est vrai que, par la nature des choses, c'est souvent l'aléa de la production qui prime et met la pression dans les domaines. Maîtrise des volumes, inquiétude sur l'état sanitaire, matériel végétal fructifère, degré d'alcool, poids des raisins, rendements, les sujets ne manquent pas. Deux éléments essentiels pilotent alors le destin d'une exploitation : d'une part la surface du domaine et sa capacité de production, d'autre part la taille des cuves et les capacités de stockage. Notons que ces critères volumétriques ont assez peu de rapports avec les réalités du marché.

Dit plus crûment, l'exploitant maximise avant tout son rendement à l'hectare et remplit sa cave. Ce n'est qu'ensuite, une fois la vendange rentrée, qu'il se pose la question des débouchés. En menant son cycle jusqu'à la limite des rendements, il croit pouvoir sécuriser ses revenus. Mais il risque d'être confronté à deux risques :

---

40. « Vin sur Vin 2020 » : plan stratégique de valorisation de la filière vitivinicole française à l'horizon 2020, remis en décembre 2008 au ministre de l'Agriculture et de la Pêche, Michel Barnier.

– élever son vin suivant ses goûts personnels et/ou selon l'humeur du terroir, sans vérifier au préalable son adéquation avec le marché ;

– s'adapter aux clients sous la pression des volumes et multiplier les produits à l'infini, au risque d'y perdre son âme.

Or, s'il veut être maître de son destin, il lui faut impérativement comprendre à qui il destine sa production. Cette méthode a montré ses avantages. La réalité commerciale est en fait remplie d'opportunités à saisir. Pour peu que l'on change d'état d'esprit et que l'on fasse passer les producteurs d'une logique de l'offre à un marketing de la demande.

Il s'agit là d'un choix essentiel. On ne peut réussir dans le monde moderne du vin qu'en clarifiant son activité à la lueur des aspirations du consommateur. Voici donc les étapes à suivre pour prendre en compte les impératifs commerciaux.

Étape nº 1 : comprendre la logique du client final

Le client final n'a plus rien à voir avec celui du siècle dernier. On retiendra trois phénomènes qui se sont télescopés, prenant de vitesse les producteurs français.

L'intensité de la consommation

Elle n'a fait que se diversifier et illustrer l'adage vertueux du « boire moins mais mieux ». L'exigence de qualité a considérablement augmenté. La capacité à différencier un bon vin est nettement plus marquée. Le savoir moyen et l'exigence des consommateurs sont infiniment plus développés qu'auparavant. Il n'y a plus de place pour des vins médiocres ou dotés de goûts déviants.

Le vin n'est plus d'un usage quotidien. Il a perdu son statut de boisson désaltérante de soif et ses moments de consommation sont différents. Le caractère organoleptique du produit, l'aspect festif et convivial, le temps consacré au cérémonial, l'attention aux détails en font un produit qui est monté en gamme. Et personne ne s'en plaindra.

L'accès au vin de nouveaux pays

Les nouveaux pays consommateurs veulent un produit de partage, un produit culturel. Ils n'ont pas d'*a priori* sur les pays de production, mais veulent comprendre vite. Les codes de cépage sont universellement reconnus et compris par tous les consommateurs. Ils sont une clef essentielle de compréhension et de choix. Ne pas utiliser ce vocabulaire est un handicap majeur. Il est bien plus fondamental que le millésime, qui n'entre pas en ligne de compte pour une majorité de clients. Et se situe bien après le prix, autre critère fondamental.

L'intérêt croissant des jeunes pour le vin

Quel que soit le pays, producteur ou non, le vin est un produit auquel nous sommes confrontés tardivement. L'accès au premier verre de vin intervient de plus en plus tard et bien après d'autres expériences alimentaires fortes comme le Coca Cola, les McDonald, le Red Bull, la vodka Absolut ou les sushis. Le vin se retrouve bien souvent relégué à la fin de la chaîne d'apprentissage gustatif.

C'est un produit dont les caractéristiques organoleptiques sont complexes et moins faciles d'accès que les saveurs douces et sucrées auxquelles les jeunes générations sont exposées quotidiennement depuis leur enfance. L'apprentissage se fait lors d'événements de socialisation où le vin se doit d'être apprivoisé, expliqué, partagé, commenté. Un témoignage de savoir-vivre et d'hédonisme qui le différencie du *fast drink* industriel des brasseurs et limonadiers. Pour être désirable, il doit adopter des codes de reconnaissance qui le font plonger dans le monde moderne des tendances de mode et non pas ressembler aux bouteilles de leurs grands-parents.

Étape nº 2 : entrer dans la logique de son intermédiaire

Prenons ensuite la lecture du distributeur, de celui qui va être au contact du producteur : quel est son besoin, et à quelle réalité ce marchand est-il confronté ?

Contrairement au vigneron, il doit se constituer un portefeuille de produits qui répondent à un maximum de besoins, tout en ne croulant pas sous le poids d'un catalogue trop important.

Sa grille de lecture doit donc être très simple et facile à communiquer. Assez brièvement, il dispose de cinq grandes familles de vins :

– les bouteilles mythiques : quelques belles étiquettes qui vont faire rêver, aux débouchés confidentiels, mais qui lui permettront de s'affirmer comme un fournisseur de qualité ;

– les valeurs sûres : les opérateurs de qualité à forte notoriété ;

– les fortes rotations : des produits à rapport qualité/prix performant ;

– les découvertes : il est essentiel de prouver un savoir-faire de distributeur reconnu en faisant découvrir des produits de qualité pouvant devenir les géants de demain ;

– les tendances : des produits à la mode et qui vont faire briller une carte des vins.

Savoir se positionner dans ces catégories et monter une stratégie commerciale adaptée à chaque environnement est indispensable. Car le plus dur n'est pas de trouver un importateur, c'est de lui donner une bonne raison de vous considérer comme stratégique, indispensable, valorisant, et cela le plus longtemps possible.

Beaucoup de producteurs fondent leur discours commercial sur une proximité intellectuelle, sociale et relationnelle avec leur client. C'est une étape indispensable et inhérente au métier. Mais ceux qui vont plus loin arrivent à se positionner comme incontournables et constitutifs du développement du modèle économique de l'importateur.

Encore faut-il savoir que l'animation de réseau commercial a un coût. Que celui-ci est rarement partagé par l'intermédiaire.

Il revient au producteur de construire une chaîne de valeur apte à générer les ressources permettant de dégager des budgets promotionnels activant le dynamisme commercial. Et c'est souvent à ce stade que la filière française a du mal à trouver les ressources nécessaires.

Dans une économie classique, les entreprises consacrent une partie de leurs revenus à l'animation des ventes. Il peut s'agir de publicité dans les médias, de promotion des ventes, de motivation du personnel, de sponsoring, d'événementiel, de relations client, de foires et salons, de concours... En fonction de la nature des produits et des circuits de distribution, une partie du chiffre d'affaires annuel est dédié à cette activité d'animation définie annuellement en fonction de la vie commerciale de l'entreprise, des lancements et du développement des marchés. Il est généralement piloté et financé directement par le producteur, lui garantissant le contrôle et la maîtrise des opérations organisées pour son compte.

Ces dépenses viennent s'ajouter aux avantages commerciaux issus des négociations annuelles et qui portent souvent sur des rabais, ristournes et autres remises en liaison directe avec les volumes de vente générés ou contractuels.

L'ensemble de ces coûts commerciaux est exprimé en pourcentage du chiffre d'affaires, un indicateur assez représentatif du dynamisme et des initiatives prises par le producteur. Ce budget est devenu incontournable au fil des années dans le secteur des biens de consommation. Dans les industries agroalimentaires, ce pourcentage se situe entre 8 et 15 % du chiffre d'affaires. Dans le secteur de luxe, il peut se situer entre 12 et 20 %, voire plus dans les cas où la distribution des produits se fait directement au travers de réseaux de boutiques, un outil qu'il faut aussi financer, diriger et animer.

Dans le milieu français du vin, cette ressource n'existe pas. Elle n'arrive pas à être générée comme un supplément de valeur, un investissement consacré à valoriser et mettre en avant le produit lors de la vente. Elle est réduite la plupart du temps à la portion congrue, une fois toutes les charges payées. Les voyages, les salons, les concours et les dégustations sont le quotidien de dépenses de base qu'il faut agrémenter de budgets de relations publiques, de promotion et de réception de la clientèle. Quel pourcentage reste-t-il pour animer les marchés, les linéaires, les cartes des vins ? Les 2 à 3 % du chiffre d'affaires consacré aux activités de mise en avant hors de la négociation du prix ne peuvent pas constituer une stratégie commerciale vertueuse et efficace. C'est là l'une des difficultés de la filière. Il s'agit de trouver les ressources pour redevenir un acteur significatif du marché. Une place que nous avons perdue, espérons-le provisoirement.

Étape n° 3 : en interne, construire un discours simple expliquant la nature de l'activité

Les équipes commerciales doivent pouvoir bénéficier d'une grille de lecture simple à exprimer, rapide à faire comprendre et qui se retrouve explicitement au fond du verre. Si elle est exprimée en des mots intelligibles, si elle s'appuie sur des aides visuelles, le bénéfice d'un tel exercice est immense. Il permet à toute l'entreprise de s'accorder sur un socle de valeurs qui guide toute son action. En passant par l'écrit, il oblige à préciser l'analyse, ajuster les arguments, fixer le cadre. Et s'y tenir !

Le temps nous est compté. La part de voix des producteurs est infime. Dans un marché marqué par la pléthore d'offre et les excédents de production, l'avantage va à celui qui sait résumer son produit en quelques phrases clefs, une histoire courte qui résume en soi la valeur du vin à vendre et la démarche de son auteur. Autour de nous, une déferlante de propositions encombre les étagères des distributeurs du monde entier. Face à nous, des points de vente doivent composer leur offre dans un espace fini, limité par les pages d'une carte ou les murs d'une boutique.

Convaincre d'une démarche est essentiel. Chaque acteur, avec ses mots et son rôle, se voit jouer une partition dont il comprend l'harmonie. Fait en sorte que le coup de sécateur résonne jusque dans la bouteille. Qu'il ait un sens.

Le producteur est comparable à un auteur de roman. Il écrit une histoire avec ses mots et son style. En soi, il est unique. Encore faut-il que son texte plaise, qu'il tienne en haleine de bout en bout, que l'on prenne plaisir à le parcourir. Chaque vin est un livre que l'on ouvre et qui se doit d'être unique et personnel. À cette condition, la démarche du vigneron est noble. Il sait où il va, il maîtrise son sujet et il peut contribuer par son éclairage à trouver son public. C'est à ce prix qu'il peut trouver une rémunération en rapport avec son œuvre et lui conférer un caractère unique, difficile à comparer directement avec son voisin.

Cette démarche individuelle doit pouvoir être consolidée une fois le succès commercial engagé. Tout un travail de valorisation des acquis peut être entrepris par les producteurs afin de constituer les ferments d'un univers de croyances, pratiques, réflexes, missions qui constituent un ensemble de clefs de lecture du marché et de bonnes pratiques de gestion. Résumé en un point de vue sur l'univers du vin, elles doivent être rassemblées et compactées en une image de marque qui transcende ces valeurs et construit un univers cohérent, une saga qui est souvent le fruit du temps, accumulée au fil des ans, sur plusieurs générations.

C'est le rôle de certains acteurs que de vouloir prendre le leadership, précisément au moment où leur vision semble la plus en résonance avec le marché, un bref instant où leur approche semble la plus pertinente. Un moment idéal pour décider qu'il est temps de donner vie à un nom générique, fréquemment issu du nom patronymique, voué à devenir une marque reconnue par la profession et les clients. Un stade d'évolution qui permet alors de créer les fondations d'une stratégie de marque. Pierre après pierre, il faut alors dessiner son architecture, définir son style, sculpter ses contours, supprimer certaines dépendances. Et surtout synthétiser une mission, ajuster un engagement entrepreneurial, choisir un combat, construire une éthique. C'est-à-dire aligner ses activités sur un axe qui résume son propos, son action, sa raison d'exister. Qui va sédimenter les valeurs historiques de l'entreprise, renforcer ses convictions, optimiser les produits, lui permettant ainsi de donner un sens à l'action quotidienne des équipes.

Cette construction va être symbolisée par une série de signes qui seront les balises et la partie émergée de la marque : son nom, son logotype, l'esthétique des produits, l'expression visuelle du domaine, ses relations publiques... En peu de mots, le décor sera planté.

Dans un monde qui zappe et va très vite, où l'attention est rapidement distraite, les marques devront de plus en plus exploiter une économie de moyens pour exprimer un court message impactant, facile à mémoriser et à servir en toutes circonstances. Un avantage concurrentiel que le vin devrait méditer.

Étape n° 4 : gérer son réseau de distribution

La concentration du marché autour de quelques opérateurs incontournables se précise. La conquête de marché se doit donc d'obéir à quelques règles de gestion de base :

– analyse du potentiel de son produit ;

– définition des ambitions dans une perspective de trois à cinq ans ;

– établissement d'une stratégie à long terme ;

– choix des partenariats et des circuits de distribution ;

– validation d'un plan prévisionnel ;

– allocation de ressources aux différents leviers d'action ;

– suivi opérationnel local et ajustements en temps réel.

Car les percées du vin français dans le commerce mondial seront difficiles. Nous avons perdu beaucoup de crédibilité et de potentiel.

Et face à nous, les géants de la distribution pèsent d'un poids colossal dans le jeu mondial et situent les enjeux de la négociation. Les dix premiers opérateurs dirigent 30 % du commerce de détail mondial.

Tableau 8
Concentration des dix plus gros réseaux de distribution alimentaire (2008)

SOCIÉTÉS	PAYS	VENTES AU DÉTAIL (MUSD)
Wal-Mart	États-Unis	401 244
Carrefour	France	127 958
Metro	Allemagne	99 004
Tesco	Royaume-Uni	96 210
Schwartz	Allemagne	79 924
Kroger	États-Unis	76 000
CostCo	États-Unis	70 977
Aldi	Allemagne	66 063
Rewe Zentral	Allemagne	61 549
Auchan	France	56 831
Top 10 alimentaire		1 135 760
Top 250		3 818 830
Part de concentration des dix premiers		**29,7 %**

Source : Deloitte Top 250 global retailers 2008.

Et le paysage n'est pas plus rassurant du côté du réseau CHR (cafés, hôtels et restaurants) qui entre dans une spirale de consolidation importante, avec notamment les groupes hôteliers anglo-saxons ou asiatiques qui poursuivent leur concentration et leur croissance, voire la progression du français Accor (5e groupe mondial en 2008 en termes de nombre de chambres). Une concentration qui n'échappe pas non plus aux enseignes les plus prestigieuses, comme le montrent les capacités des grands chefs à construire de véritables marques et enchaîner les deuxièmes tables, annexes et succursales aux quatre coins de la planète.

La même situation peut être détectée sur le marché du Travel Retail où les stratégies des compagnies aériennes concentrent les flux de voyageurs sur quelques hubs gigantesques, où quelques opérateurs *duty free* contrôlent le commerce des boutiques d'aéroport.

Sans oublier les quelques monopoles étatiques qui dirigent la distribution des vins au niveau national et sont les passages obligatoires pour être diffusés sur certains marchés : SAQ au Québec, Systembolaget en Suède, Alko en Finlande...

Le choix des partenaires commerciaux mérite donc d'être prudemment pesé. Il se révèle crucial pour la réussite du développement international. L'orientation *mass-market*, ou distribution spécialisée, la diffusion auprès des cafés, hôtels et restaurants, les capacités commerciales, l'exposition aux médias, l'animation du marché sont des facteurs clefs. La passion pour le vin ne suffit pas. Le réseau de distribution est déjà tellement encombré par de nombreux petits acteurs que le *focus*, c'est-à-dire la capacité à se mobiliser sur la totalité de vos produits, est une condition indispensable et nécessaire. Nombre d'acteurs annoncent qu'ils sont des *brand builders*[41]. Mais combien le sont-ils réellement ?

Le commerce international du vin requiert des exigences fortes. C'est une collaboration à double sens. En amont, dans les propriétés et les domaines, il

41. Des « bâtisseurs de marques » (traduction de l'auteur).

est nécessaire de se préparer à un métier qui demande disponibilité, précision et suivi. Il faut à la fois convaincre par une qualité relationnelle très puissante, un engagement personnel, une exposition des acteurs qui font réellement le vin. Savoir être présent sur le terrain pour animer les ventes et surtout assurer un service client parfait. Cela consiste par exemple à exécuter les tâches logistiques efficacement, tenir les délais, livrer un vin conforme et sans défaut correctement identifié et palettisé. Mais aussi soigner la phase de choix, l'accueil, le discours, les informations de base supportant la proposition d'échantillons (volumes, assemblage, filtration, acidité, pH, sucre, pourcentage d'alcool...).

Au-delà de ces données de base, il s'agit là d'un important exercice de stratégie auquel les acteurs de la filière doivent s'exercer : compter leurs forces, étudier le terrain, évaluer les adversaires, et ce afin de constituer un plan de bataille et définir soigneusement son positionnement. Une fois une feuille de route établie et un cap bien ajusté, il est beaucoup plus facile d'aborder l'incertitude, de décider des opportunités à saisir et de s'accorder sur des objectifs avec ses partenaires. Des réflexes à adopter en toutes circonstances.

Étape n° 5 : concentrer pour progresser

Pour piloter au plus près des marchés, il faut atteindre une taille critique afin de bénéficier de moyens et de ressources humaines. Seuls les grands groupes internationaux peuvent financer des équipes dédiées sur les marchés et mutualiser un grand nombre d'activités commerciales.

Tableau 9

Leaders mondiaux du marché du vin en valeur en 2007

(vins tranquilles et effervescents inclus)

RANG	SOCIÉTÉS	PAYS	MILLIONS USD	MARQUES
1	Constellation	États-Unis	2756	Hardys-Kumala-Banrock, Station-Mondavi-Vincor-Clos du Bois
2	EJ Gallo	États-Unis	2700	Turning Leaf-Red, Bicyclette-Catena-M. Codax
3	Foster Group	Australie	1853	Wolf Blass-Lindemans-Beringer-Penfolds
4	LVMH	France	1692	Moet-Vve Clicquot-D. Perignon-Cloudy, Bay-Cape, Mentelle-Yquem
5	Groupe Castel	France	1188	Barreyres-Arcins-Malesan-Baron de Lestac-Cambras-Roche, Mazet-Vieux Papes
6	Pernod Ricard	France	1070	Jacob's Creek-Montana-Campo, Viejo-M. de Arienzo-Café de Paris
7	The Wine Group	États-Unis	735	Franzia-Bonny Doon-Corbett Canyon-Austin Vale-Mistrane
8	Grands Chais de France	France	726	J.P. Chenet-Pasquier, Desvignes-La Baume-Lichine-Calvet-Dulong-Eschenauer
9	Freixeinet	Espagne	718	Cordon Negro-Gloria, Ferrer-Yvon Mau-Henri Abélé-Sala Vivé
10	Henkell & Co	Allemagne	675	Menger-Deinhard-Sohnlien-Mionetto-Alfred Gratien
11	Diageo	GB	500	Blossom Hill-Piat d'Or-Barton et Guestier-Sterling Vineyards
12	Casella Wines	Australie	486	Yellow Tail
13	Kendall Jackson	États-Unis	440	KJ Vintner's Reserve-KJ Highland Estates
14	Boizel Chanoine Champagne	France	422	Lanson-Besserat de Bellefond-De Venoge-Philipponnat-Burtin
15	Concha y Toro	Chili	405	Casillero del Diablo-Trio-Sunrise-Terruno-Almaviva *
[...]	*Puis, par ordre d'apparition des opérateurs français...*			
18	Vranken Pommery Monopole	France	354	Pommery-Vranken-Charles Lafitte-Listel-La Gordonne-Porto Cruz
21	Boisset	France	342	Bouchard Ainé-J. Moreau-Deloach-Lyeth-French Rabbit-La Vougeraie-Ropiteau
24	Laurent-Perrier	France	307	Grand Siècle-Catellane-Salon-Delamotte
29	Baron Philippe de Rothschild	France	246	Mouton Cadet- Escudo Rojo-Baron Arques-Opus One-Almaviva *

Source : Moisa /SupAgro Montpellier et informations marché.

* En association avec Concha y Toro.

Le classement des leaders mondiaux est très instructif pour tenter de dessiner le paysage commercial du secteur. Et plusieurs constats s'imposent. Les opérateurs ont profondément changé en moins de trente ans. Les Grands Chais de France ont débuté leur consolidation en 1979. Constellation a démarré sa marche en avant au début des années 1970. Pernod Ricard créa la surprise en lançant l'un des leaders mondiaux du vin en 1976. Gallo se lança à la conquête de l'international en 1983. Foster fut l'un des acteurs majeurs de l'offensive australienne des années 1990. Il est donc paradoxal qu'un secteur réputé pour ses traditions ait vu fleurir autant de nouveaux acteurs, telles de jeunes « start-up » ayant surfé sur un marché en très fort développement.

Les représentants des pays de l'Ancien Monde sont peu nombreux parmi les trente premières affaires mondiales : trois représentants de l'Italie et deux producteurs de Cava en Espagne. En dehors de groupes très diversifiés comme Ricard, ou très orientés vers la filière champenoise (LVMH, Vranken et Boizel Chanoine Champagne), la France recèle seulement quatre entreprises très marquées par leur tradition viticole parmi les trente premières affaires mondiales : Grands Chais de France, basée dans les Vosges, Castel Frères dans le Bordelais, J.-C. Boisset en Bourgogne et Baron Philippe de Rothschild.

En termes de notoriété de produit, les succès internationaux du Piat d'or n'ont jamais fait la une des journaux français...

Les produits les plus diffusés à l'international sont souvent totalement inconnus en France. Avec une part de marché qui frôle le monopole absolu, l'Hexagone n'a jamais fait de place à une offre étrangère très développée. La grande majorité des vins vendus ailleurs portent des noms auxquels nous n'avons jamais été confrontés. Qu'ils soient commercialisés en bas de l'échelle comme Yellow Tail, Kumala ou plus sophistiqués comme Clos du bois, AlmaViva ou Opus One, la grande majorité des concurrents internationaux échappe à notre radar personnel. L'érosion de notre leadership est donc très silencieuse et imperceptible pour un amateur non averti. L'aiguillon de la concurrence a sûrement manqué à notre filière pour progresser et se remettre en cause.

Mais la taille critique est aussi un impératif utile à la conduite de la production. La concentration des acteurs a sévi également en amont de la filière. La faible puissance des opérateurs du vin contraste fortement avec les géants industriels fournissant quelquefois plus de 50 % de la valeur ajoutée du produit. Les matériels sont produits par des spécialistes présents dans tous les pays producteurs (New Holland, Perrier, Gai, Bucher, Della Toffola...) et les produits de traitement par les puissantes multinationales de la chimie (Bayer, Dow, Syngenta...). Les matières sèches sont fabriquées par un petit nombre de spécialistes qui exercent une forte pression sur les comptes des vignerons. Les approvisionnements en bouteilles dépendent d'une poignée d'industriels : Owens, Saint-Gobain... Les bouchages sont pilotés par quelques opérateurs mondiaux : Amorim, Alcan, Oneo Bouchage... Les systèmes d'emballage sont concentrés entre les mains de fabricants de l'industrie alimentaire : Tetra Pack, Rexam, Smurfit... À terme, quelques conglomérats menacent de mettre sous pression la filière afin d'aspirer la création de valeur en amont.

La taille est donc un enjeu déterminant pour peser sur les destinées du secteur et faire entrer la filière dans une spirale vertueuse et performante. Elle seule permettra de consolider les leaders actuels, de faire progresser des entreprises moyennes et d'offrir un axe original et attractif, sortant du lot commun ; enfin, elle donnera la possibilité aux petits opérateurs d'entrer dans une mutualisation des moyens utile à leur compétitivité.

Leaders, entrepreneurs, petits opérateurs... Trois équipes différentes pour jouer dans la cour de la mondialisation.

CHAPITRE 10

Les « douze travaux de Bacchus »

... Personnage mythologique romain, divinité du vin, désigné en grec sous le terme de Dyonisos

Après avoir brossé à grands traits quelques caractéristiques du milieu viticole qui méritaient d'être soulignés, il est temps de réfléchir aux orientations qui permettraient au vin français de bénéficier des meilleurs atouts dans la course à la mondialisation et à la consolidation d'une filière cohérente à long terme. Certaines pistes ont déjà été soulignées depuis longtemps, mais sont loin d'être achevées ou même envisagées. Le moins que l'on puisse constater est que la myopie de certains acteurs, le mélange des enjeux et le court-termisme de la profession n'ont pas permis une prise de conscience collective du drame qui se noue sous nos yeux après dix années de recul sur les marchés mondiaux. Comme de nombreuses autres filières françaises, nous accumulons les handicaps par un subtil mélange de sauvegarde d'intérêts et d'avantages acquis, de manque de ressources pour réinventer un futur audacieux et de rigidités censées protéger le système en place. La vieille Europe compte sur son patrimoine historique et culturel et a gravé dans le marbre les tables de la Loi. Résultat : le monde a changé et un nouvel environnement s'impose comme notre seule planche de salut.

Dans le rouge depuis le début des années 2000 et sous la pression des nécessités imposées par le marché international, il semble que les prémisses d'un changement radical se profilent à l'horizon. Listons certains aspects à promouvoir afin de refonder la filière sous forme de douze initiatives porteuses, que nous identifierons comme les « douze travaux de Bacchus ».

1. Adoptons une vision nationale

Réconcilions le vin avec la société française.

Deux voies indispensables à une évolution radicale du pays et de son monde viticole doivent être menées de front par les forces politiques et sociales.

Dans les esprits, l'enjeu est de réussir l'impossible réconciliation entre deux logiques opposées :

– les promoteurs d'une consommation modérée du vin, produit issu de la fermentation naturelle du fruit ;

– les associations et lobbys ancrés dans une culture du bannissement et de l'éradication de tout produit possédant un quelconque degré alcoolique dans notre société.

Dans les faits, cela revient à desserrer le carcan réglementaire pour assurer une reconquête de l'espace social construit autour des nouveaux modes de consommation résumés par la tendance du « boire moins mais mieux ». Cela passe par la stratégie suivante :

– repenser la place du vin dans les fondements du patrimoine national ;

– concevoir une politique nationale permettant de définir un cap suggérant l'émergence d'une filière industrielle aux qualités reconnues ;

– créer une gouvernance locale permettant de remettre de l'ordre dans la hiérarchie qualitative des vins ;

– promouvoir les investissements d'adaptation et de retournement du secteur vers les segments de marché porteurs ;

– trouver un juste équilibre à l'exposition médiatique des producteurs de vins ;

– accélérer le classement au patrimoine de l'Unesco des terroirs d'exception[42].

Contrairement à beaucoup d'augures qui pensent que le secteur viticole va sombrer inexorablement suite aux assauts répétés du Nouveau Monde, une issue positive peut émerger de la crise que subissent les producteurs. Nombre de rapports de grande qualité ont été rédigés depuis une dizaine d'années et ont commencé à aménager des portes de sortie par le haut de la viticulture française. Les dogmes sont fragilisés : les règles techniques s'harmonisent enfin sur les bonnes pratiques internationales, les interprofessions envisagent des regroupements, la concentration des acteurs s'accélère.

Les autorités politiques ont surtout pris conscience que les enjeux ne se limitaient pas à un problème régional et agricole, mais qu'avec détermination, il fallait mettre tous les acteurs influents de nombreux autres domaines de la société française autour de la table. Qu'il en allait du fragile équilibre territorial de l'Hexagone et pas simplement de 3 % de la population

42. Deux sites sont classés à ce jour : Saint-Émilion et le Val-de-Loire (d'Orléans à Angers).

active. Environnement, économie, santé, tourisme, travail, agriculture se devraient donc de bâtir ensemble une vision du rôle de la viticulture, définir sa place dans la société, lui fixer un cap afin que la filière puisse se réorganiser autour de quelques principes de fonctionnement correspondant à la réalité de la mondialisation du marché du vin. Un cadre qui fixe les orientations générales et permet d'indiquer une direction vers laquelle tous les acteurs doivent se diriger. Et s'y tenir.

Un rappel de l'histoire contemporaine pourra éclairer l'importance cruciale d'un salvateur point de départ et de l'importance du cadrage politique. Une ambition a été fixée dans les années 1970, confrontant en Europe quatre visions radicalement différentes de la vigne. Il y avait la doctrine allemande qui souhaitait valoriser le patrimoine qualitatif de ses productions, protéger les domaines et terroirs nationaux et importer les vins de consommation courante. Puis celle prônée par les Italiens, qui ont fortement misé sur une libéralisation du secteur et un desserrement des carcans réglementaires. De leur côté, les Espagnols ont progressivement intégré la filière, revu de fond en comble leurs pratiques ancestrales et construit un système d'appellations visant à rénover en profondeur la conception de leurs vins. Quand aux Français, ils ont développé une doctrine à deux vitesses, d'un côté productiviste favorisant le développement des vins de table et de pays, de l'autre ouvrant largement l'accès des producteurs à l'AOC.

Aujourd'hui, chacun peut mesurer le chemin parcouru : l'Allemagne a spécialisé ses vins nationaux vers le haut de gamme et importé massivement des volumes de vin à prix cassé, en provenance de France et du

Nouveau Monde. Elle affiche les vins régionaux les plus spécifiques du marché tout en ayant le prix public moyen de la bouteille vendue le plus bas d'Europe : 1,90 euro. L'Italie a géré les différents créneaux et opportunités commerciales avec souplesse, s'appuyant sur l'exposition internationale de sa gastronomie. L'Espagne s'est restructurée en profondeur et n'a pas hésité à remettre à plat ses traditions. La France a tenté de refondre ses capacités de production avec de grandes ambitions en volumes et en valeur qui ont brouillé les pistes et envoyé un message contradictoire aux marchés. À vouloir courir plusieurs lièvres à la fois, nous avons offert une image floue de nos priorités.

Conséquence de cette vision, la France est aujourd'hui le pays européen qui a le plus de terrain à rattraper car elle est non seulement prise à contre-pied par les marchés qui attendent des pays traditionnellement producteurs de la maîtrise et de la qualité, mais encore par une société civile qui lui conteste sa légitimité sociale. D'où la nécessité de remettre le vin au cœur des symboles nationaux, ceux qui nous offrent une légitimité incontestée, cet art de vivre, cette gastronomie, ces paysages et cette convivialité qui nous sont enviés par bien d'autres nations.

Il est clair que la place du vin dans la société française est malmenée, bancale, oblitérée, voire culpabilisée. Elle rappelle des temps pas si lointains où l'art culinaire français paraissait lui aussi condamné à l'obscurantisme, voué aux gémonies par des nutritionnistes patentés, réduit aux fiches cuisine anthropomorphiques dignes des renseignements généraux. Elle était régie par le respect des grands classiques, une agitation ordonnancée de fourneaux, l'expression d'une tradition de grands-mères télévisuelles au fort accent méridional. Aujourd'hui, pas un média qui ne consacre des pages très glamour à la Cuisine avec un grand C, à la gastronomie sur papier glacé que des générations de passionnés observent avec délectation. Pas une ville qui ne voie pousser un projet d'Atelier des chefs[43] où des entreprises viennent remotiver leurs troupes. Pas une grille des programmes qui ne consacre un temps d'antenne considérable à ce sujet inépuisable et à ses stars médiatiques.

Gagner les esprits, ce sera à l'évidence avoir accès à une expression plus libre dans les médias et vanter l'esprit d'entreprise des vignerons. Les derniers projets français de chaîne télévisuelle consacrée au vin continuent d'alimenter la polémique. Les apparitions très encadrées du vin restent purement symboliques. À quand une chaîne télévisuelle autorisée à parler du vin sans détour, voire un canal dédié à la culture du vin comme celui que tente de lancer Jean-Marie Peyronnet autour de la chaîne Edonys ? Ce serait un signal marquant une évolution des mentalités et une preuve de maturité autour d'un verre devenu polémique. Il est tout de même édifiant de constater que ce sont des personnalités étrangères qui osent promouvoir et déguster ouvertement le vin en direct à la télévision. L'acteur Russell Crowe nous a ainsi prodigué une leçon de « savoir-boire » en faisant l'apologie des qualités du sauvignon blanc et du pinot noir néo-zélandais en direct sur le plateau de Canal +, sous l'œil médusé de l'animateur et vigneron Michel Denisot[44].

43. Une nouvelle pédagogie de la cuisine autour de modules horaires permettant au public de réaliser et de déguster des recettes en temps réel, sous l'œil attentif d'un cuisinier, désacralisant l'image du chef inaccessible et artiste.
44. *Le Grand Journal* de Canal +, 27 avril 2010.

2. Clarifions l'offre française

L'offre doit devenir plus lisible. C'est la première obligation du producteur. Et là, les choses ont commencé à changer. Dans le sens d'une simplification qui n'a que trop tardé à se mettre en place. Elle est bien entendu encore très insuffisante, mais elle a la vertu de montrer qu'il est possible de faire évoluer les mentalités.

Créons une véritable pyramide des appellations françaises

• Le club de l'élite

Mettons à dessein les stars du système à part. Ce sont les grands crus, les châteaux de renommée mondiale, quelques crus bourgeois, les domaines d'exception dont les bouteilles sont quasiment pré-vendues et dont les dimensions cadastrales ne sont pas appelées à croître significativement. L'émergence de nouvelles économies en plein développement va accentuer naturellement l'écart entre l'offre et la demande de ces étiquettes à forte notoriété et rendre ces bouteilles définitivement inaccessibles au commun des mortels.

Parlons des enjeux commerciaux. Les vins de terroir qui adoptent le nouveau sigle AOP (appellation d'origine protégée, issue de l'AOC) devraient entrer volontairement dans une logique qualitative forte et devenir le porte-avions de l'image du vin français. Souscrivons à la prédiction de Michel Rolland qui pense que nous sortons d'une période d'intense investissement dans les moyens de transformation dédiés aux technologies œnologiques pour entrer dans une phase favorable à l'éclosion d'expressions assises sur les typicités de chaque producteur. La performance des chais est devenue telle que les hommes et le raisin vont maintenant faire la différence. Aura-t-on le courage de durcir les conditions d'accès à ce niveau ? D'endiguer la création de micro-appellations dont l'aura restera à jamais régionale ? Rien n'est moins sûr.

• Les vins avec IGP (indication géographique protégée)

Ne passons pas à côté d'un rendez-vous avec l'histoire. La nouvelle réglementation européenne est une occasion unique de révolutionner la hiérarchie de nos vins et de relancer une offre claire et simple. Les vins avec IGP seraient un premier bouleversement des mentalités, surtout là où il y a urgence. Installons un nouveau découpage du sol viticole.

Les tractations vont bon train et certains s'agitent en coulisses pour réduire l'avènement d'une logique de bassins de commercialisation imprimant un embryon de rationalisation de l'offre française :

- Alsace ;
- Aquitaine et Sud-Ouest ;
- Bourgogne-Beaujolais-Jura-Savoie ;
- Champagne (pour mémoire) ;
- Charentes ;
- Languedoc-Roussillon ;
- Val-de-Loire-Centre ;
- Vallée du Rhône ;
- Provence-Alpes-Côte d'Azur-Corse.

Elles devraient permettre de recomposer l'environnement économique, d'ouvrir la voie à de nouveaux choix commerciaux et à un positionnement plus favorable à la promotion efficace de zones entières mieux identifiées et poussées par des leaders régionaux. Tout en tentant de respecter les espaces ruraux, les communautés humaines et les enjeux économiques, les indications géographiques laissent la place à une plus grande autonomie des viticulteurs, affranchis de sévères lourdeurs et contraintes de productions. Sûrement insuffisamment car il nous faut saisir cette opportunité unique de rebattre les cartes des acteurs, de redéfinir un espace de liberté et d'entreprise attractif et de redessiner la géographie de régions vouées à ne pas émerger à l'international.

Par ce geste, il doit être recherché la construction d'une deuxième filière d'excellence parallèle à l'expression traditionnelle des terroirs. Ainsi, pourra-t-on produire de meilleurs résultats commerciaux, regroupés autour de zones géographiques rassemblant des communautés humaines beaucoup plus larges. Elles permettront de concrétiser sur le terrain une unité de destin, de constituer des locomotives économiques et de mutualiser les expériences réussies. Pour une clientèle internationale, elles sont certainement un avantage non négligeable de reconnaissance immédiate.

• Les vins sans IG (VSIG ou vins produits sans restrictions géographiques régionales)

Cette nouvelle catégorie vient se substituer aux anciens vins de table, pratiquement tombés en déshérence et dotés d'une très mauvaise image. Positionnés à des prix très bas, sans réelle connexion avec leur coût de revient, ces vins étaient encadrés par une législation ne leur laissant que très peu de capacité d'adaptation aux marchés et aux conditions techniques des régions concurrentes. Guidée par un principe de réalité, une déréglementation très forte des critères de production a enfin été appliquée, seule issue apte à sauver cette filière à court terme. Il a aussi été admis de lever l'interdiction de mentionner millésime et/ou cépages et surtout de retirer le mot «vin de table», qui manque de séduction. Désormais, ils seront des «Vins de France» et offriront à un même producteur la liberté de s'approvisionner sur tout le territoire, de faire des assemblages de cépages de différentes régions et de répondre à la demande mondiale de vins sur le segment très concurrencé des bouteilles inférieures à cinq euros prix public. Mais cette libéralisation vient peut-être trop tard.

Fort de nouveaux attributs contemporains, ce secteur va peut-être sortir de son ghetto et partir recruter de nouveaux consommateurs, avec une offre renouvelée et puissamment promue. Sa vocation est aussi de rééquilibrer toute la pyramide qualitative des vins produits en France et de stopper la course épuisante vers une sortie par le haut de bien des domaines. Incapables de trouver un point d'équilibre économique, nombre d'exploitations sont passées dans la catégorie supérieure par nécessité, et non par vocation. En confirmant la réalité économique des segments d'entrée de marché, nombre d'opérateurs pourront ainsi revenir à un positionnement plus en ligne avec leur potentiel réel. Espérer atteindre un équilibre d'exploitation et répondre à un besoin réel du marché en vins d'accès, simples et à forts volumes.

Donnons des repères simples aux clients

L'une des principales difficultés commerciales du vin réside dans le manque de clarté et l'opacité du produit. L'étiquette ne fait pas tout le travail, loin s'en faut. Appartenant à un monde ésotérique, relevant de l'initiation, le décryptage de ce produit n'est pas facile. Essentiellement subjectif et sensoriel, il résiste à toute analyse cartésienne. Pourtant, un petit nombre de signes distinctifs permettrait de simplifier l'offre et de guider utilement le béotien.

• *La marque, un passage obligé*

Faisons de la marque un îlot de certitude dans un monde sans repères. Le vin est un produit d'auteur. Rendons-lui toute sa noblesse en faisant de la signature d'une bouteille un signe de reconnaissance d'un style, d'un patrimoine historique et d'une aventure humaine.

Il est établi que la première réassurance lors du choix d'un produit réside dans la signature d'un producteur : quel talent se cache derrière la bouteille ou le nom du château ? Un symbole suffit pour éclairer et résumer en un minimum de mots les vertus du concepteur. Sinon, pourquoi tant de gens préféreraient Sony à Samsung, Apple à IBM, Audi à VW ? Ils sont tous compétents dans leur domaine, mais certains d'entre eux ont fini par donner ce petit supplément d'âme qui crée la légende, la promesse, la vertu, et qu'un seul mot suffit à rappeler à nos cerveaux. *A fortiori* dans le monde du vin, où nous manquons singulièrement de codes pour éclairer le chemin de clients un peu perdus dans la profusion de l'offre.

C'est une lumière indispensable dans un monde plutôt fermé qui manque de repères simples. Les opérateurs les plus puissants du secteur ont bien compris qu'il fallait investir massivement sur leur nom pour lutter contre l'opacité des produits, et diriger le consommateur entre toutes les sollicitations. Les marques se sont imposées à tous les niveaux, qu'elles appartiennent aux segments de la grande consommation ou du luxe : Gaja, Baron Ph de Rothschild,

Jaboulet, Catena, Villa Maria, Montes mais aussi Gallo, Kendall Jackson, Robert Mondavi, Penfold, Montes ou Concha y Toro.

En France, les marques n'ont jamais été vraiment reconnues comme un recours auréolé de noblesse. Suspectées d'être des machines déshumanisées, apparentées à un outil industriel dénué de charme, perdant leur caractère familial au profit d'une efficacité marketing, elles ont été longtemps honnies par les âmes bien pensantes du système viticole français. Car la marque a le don d'oser défier le terroir et de remettre en cause le dogme du lieu de production, citadelle du vigneron français de qualité. La marque met pourtant en avant l'humain, l'esprit signant la bouteille, et ce quel que soit le lieu où il pratique son art. Mais cette vision des choses équivaut presque à une excommunication dans certaines régions. Loin d'une bataille sémantique, nous sommes à la jonction de deux conceptions du vin, l'un qui enracine autour d'un patrimoine local et l'autre qui transcende et invite à découvrir le monde.

Au-delà de ces considérations, nous n'avons que trop tardé à percevoir les avantages d'une caution rassurante pour le consommateur et favorable au développement du marché du vin. Le règne du *small is beautiful*, du petit exploitant génial que l'on se transmet par le bouche à oreille est encore le modèle dominant et vertueux en France. Pourtant, il ne nous a pas permis de résister au formidable bouleversement qui s'opère au niveau mondial. C'est en ce sens qu'il est plus qu'urgent de faire monter en puissance cette logique de marque et de bâtir les futures fondations du métier. De leur prodiguer plus de considération dans nos esprits. Personne ne reproche aux

Champenois d'avoir une stratégie de marque et de consolider toute la filière derrière un petit nombre de marques agissant comme une puissante locomotive. C'est le plus grand mal qui pourrait arriver à nos bassins de production du vin tranquille…

Bien entendu, ce raisonnement est plus particulièrement conçu pour un positionnement optimal sur les marchés internationaux, là où la France se bat pour exister et ne pas être marginalisée. Le client irlandais ou américain doit avoir un choix explicite et la caution d'une marque est pour lui essentielle. Pour les Français de l'Hexagone, il reste encore une attitude schizophrène assez courante qui écartèle le citoyen d'une part entre le stress de ne pas se tromper lors de son choix, et d'autre part le désir d'avoir le choix le plus complet possible entre de multiples régions de production. Certes, personne ne soutiendra qu'un caviste doit se limiter à un producteur par zone de production. Rien ne saurait être plus triste. Un nouveau système ne va pas remplacer l'ancien. Mais de là à garder éternellement 25 000 références différentes au nom de la diversité[45], il y a une marge de manœuvre à inventer.

• *Le produit : osons créer les vins de demain*

Le renouvellement annuel des millésimes ne doit pas nous faire oublier l'intérêt de fonder des produits à l'identité forte portant haut les couleurs de l'origine française. Ne laissons pas J.P. Chenet monopoliser toute l'attention des circuits commerciaux.

Deuxième strate de signalisation et d'orientation, lançons des concepts et des noms de produit forts : de

45. Nombre de références revendiquées par le site de vente en ligne 1855.

Jacob's Creek à Mouton Cadet en passant par Sassicaia ou Clos Apalta, les produits sont issus d'une interprétation de leur inventeur ou d'une vision révolutionnaire du marché et de ses besoins. Le consommateur le sent intuitivement et l'interprète comme un signe clair qui rassure et légitime la démarche, au-delà de la simple opportunité commerciale. Trop de produits n'ont pas assez d'identité car ils manquent de distinction ou de pertinence. Une étiquette ne suffit pas à construire un produit. Un test simple est éclairant : combien de nouveaux noms de vins français ont franchi le mur de la notoriété depuis vingt ans ? Très peu – et trop peu. D'autant que la situation se dégrade : seuls 20 % des Français sont capables de citer un vin, alors qu'ils étaient 32 % en 1995[46]. L'anonymat est total pour certains vins à succès produits pourtant en France : Fumées blanches, Red Bicyclette, Fat Bastard, Arrogant Frog.

Nous sommes loin de la créativité d'autres secteurs d'activités. Il est vrai que la prise de parole est plus complexe et la promotion réglementée. Surtout, le renouvellement annuel du millésime sature déjà une grande partie de l'espace médiatique et domine le système de communication du secteur. Pourtant, de plus en plus d'acteurs comprennent que le lancement de nouveautés est une méthode permettant par ajustements successifs d'approcher et/ou d'anticiper au plus près le désir du consommateur. Le vin du XXIe siècle n'est plus monolithique, pas exempt de phénomènes de mode et de tendances auxquelles les producteurs doivent réfléchir et apporter une réponse pertinente.

---

46. Étude Onivin 2005.

Les plus prestigieux acteurs n'y restent pas insensibles. Le célèbre château Palmer (3e grand cru classé de Pauillac) a même renoué avec une vieille tradition du XIXe siècle, se permettant le luxe d'assembler le cépage traditionnel hermitage des côtes du Rhône septentrionales avec les classiques merlot et cabernet de la rive gauche, en prenant le risque commercial de sortir volontairement de l'AOC Pauillac et en renonçant à la mention du millésime.

Dans la même veine, les négociants nous ont habitués à de subtiles stratégies commerciales n'ayant rien à envier aux grandes multinationales de l'agroalimentaire : vente en primeurs, deuxième vin, châteaux improbables, sélection parcellaire. Il y a longtemps que les marchands du temple ont envahi les sacristies du vin. N'ayons pas à en rougir.

Le travail sur le positionnement et le lancement de produit n'est donc pas réservé au bas de l'échelle de la hiérarchie des crus. À condition de ne pas crouler sous le nombre de variantes d'une même cuve, la créativité porte les germes du dynamisme et l'énergie de la reconquête commerciale. L'expérimentation est un art noble et la prise de risque inhérente au travail de l'entrepreneur.

• *Adoptons le cépage comme langage universel*

Libérons le cépage. Ne refusons pas le langage universel. Reconnaissons au cépage sa clarté et sa simplicité. L'histoire ne fera pas machine arrière.

Un cépage comme signe de reconnaissance universel : nous vivons une drôle d'époque, où la globalisation des usages et des coutumes donne lieu à un mariage, pour le meilleur et pour le pire. Cette fois, poussés par une passion commune, les hommes ébauchent une culture mondiale, un savoir partagé. Une langue universelle semble se dessiner, une sorte d'espéranto viticole naissant au fond de caves voûtées et exposé sur les cartes des vins de nos clients internationaux. La sélection du vin devient un voyage à travers les saisons, le temps, les cultures, les vignobles. Le choix se construit à partir d'une base commune, à partir d'un même vocabulaire, qui se trouve conjugué sous différentes latitudes, différents sols, et interprété par différents auteurs. La France hésite et se cherche une identité dans ce nouveau vocabulaire.

Malheur aux consommateurs français. Le caractère viscéralement chauvin de nos régions pousse depuis longtemps à la résistance. Le mot « cépage » est vilipendé dans presque toutes les régions de France. Et avec application dans toutes celles qui pensent ainsi sauvegarder leur patrimoine. Citons quelques freins à son adoption :

Le nom du cépage manque de noblesse : il n'est pas fait pour ceux qui savent faire du vin et maîtrisent l'art de l'assemblage. Résumer et simplifier le travail d'assemblage par la citation d'un seul ingrédient ne renvoie pas à un protocole très élaboré du vin. Il serait tout juste réservé aux vins de France et aux vins anonymes, aux mélanges honteux et sans intérêt. Son manque de poésie le réserverait aux vins dénués de raffinement, il serait tout juste bon à décrire l'horrible piquette de nos parents.

Il serait déshonorant de livrer à la population la recette d'un nectar : le vin mérite mieux qu'une liste d'ingrédients froids et austères. Pourtant, les produits alimentaires redoublent de stratégies pour faire preuve de transparence, de traçabilité et de lisibilité.

Le vin n'en a cure. Il est bien rare de voir indiqué, sur une contre-étiquette fixée humblement au dos de la bouteille, la nature et le pourcentage de chaque cépage incorporé. De là à afficher l'identité du cépage sur l'étiquette, nous frôlons l'antéchrist.

Le cépage va faire disparaître le terroir : cépage ou terroir, lequel va dominer l'autre ? Ici, il n'est plus question d'habillage ou d'étiquetage, de design ou de marketing, il est question de remettre à plat toute une tradition, tout un enseignement, toute une hiérarchie. Ce n'est plus tout à fait la même chose de vendre du cabernet franc au lieu du chinon, du sauvignon blanc au lieu du pouilly fumé, du malbec en lieu et place de cahors. En faisant du cépage le barycentre de la profession, le terroir risque de n'être plus la clef d'entrée. Il est condamné au second rôle, à hériter du lot de consolation. À ce stade, ce sont les piliers soutenant l'architecture de la profession et bon nombre de ses croyances qui sont menacés.

Le cépage tue le régionalisme : la nature régionale des débats force à gérer de nombreuses contradictions. En Bourgogne, la polémique fait rage sur l'opportunité de mentionner les mots « chardonnay » ou « pinot noir » sur de belles appellations. En Alsace, la situation est inversée. Voilà des décennies que les plus grands producteurs des bords du Rhin revendiquent avec force leur encépagement génétique. Gewurztraminer, sylvaner, pinot gris et riesling sont étroitement associés aux maisons historiques Schlumberger, Trimbach, Albert Mann, Weinbach... avant que d'être liés à leur terroir de grand cru.

Menace en deçà des Vosges, vérité au-delà... Le cépage fait tellement partie de la culture locale que la législation vient de confirmer l'interdiction de produire ailleurs qu'en Alsace les emblématiques cépages locaux en AOC. Vous ne pourrez pas déguster de riesling français venant d'autres régions, même si l'engouement pour ce délicieux raisin se révèle un jour puissant. Voici une étrange addiction pour le cépage instaurée à l'est de la France et pourtant contesté avec virulence ailleurs...

3. Confrontons-nous aux nouvelles générations de consommateurs

Sachons évoluer pour ne pas régresser. Il est temps de trouver des réponses aux questions que posent les clients et d'anticiper ce que sera le consommateur de demain. Ne nous enfermons pas dans notre tour d'ivoire en nous appuyant sur la splendeur du passé. Allons de l'avant en ayant de l'audace et en innovant :

– desserrons le carcan réglementaire entourant l'activité commerciale et l'organisation des lieux de vente : laissons les professionnels organiser les linéaires à leur guise ;

– expliquons mieux les produits pour lutter contre leur opacité : panneautage, contre-étiquette, lecture des codes QR[47] par les téléphones portables...

– développons des modes de consommation « responsable » comme le vin au verre.

Si le monde du vin a accueilli avec enthousiasme à l'aube du XXIe siècle les annonces de leurs augures,

---

47. *Quick Response* : code de forme carrée à fond blanc parsemé de points de lecture inventé par Toyota dans les années 1990. Il permet d'identifier instantanément l'article et de donner accès à des informations sur le produit.

célébrant une irrésistible ascension vers des vins plus élaborés, il a très vite occulté l'autre facette de cette prédiction. Les comportements du consommateur et leurs aspirations ont profondément changé en quelques années. Et sous l'influence de nombreux facteurs obligeant les producteurs à réfléchir à leur métier. En voici un récapitulatif.

- Les repas

La place du repas dans la vie quotidienne est très différente d'une zone géographique à l'autre et entre les générations. Même la mondialisation se heurte aux habitudes alimentaires de chaque communauté. Le temps moyen passé à table, qui a diminué fortement en trente ans, dans tous les pays développés, semble se stabiliser. Mais les écarts subsistent : si les États-Unis sont parmi les plus rapides (75 minutes par jour), les Français restent champions du monde avec 135 minutes par jour consacré aux repas.

- La sociabilité

En dehors du foyer, elle a fortement augmenté. Les occasions non directement associées à la prise de repas se sont multipliées dans les villes avec l'éloignement entre le domicile et le lieu de travail, mais aussi avec l'intensification du temps de travail : terrasses, bars, thématique des *tapas*, de l'*after hour*[48]...

- Le statut social du vin

Il est complètement modifié. Sa démocratisation, sa médiatisation, son rajeunissement ont bouleversé

48. *After hour* : temps de pause et de socialisation après une journée de travail.

les codes et rendu sa présence « branchée » et moins réservée à une élite ou au monde des « vieux ». La barrière de la connaissance saute progressivement dans les pays non producteurs.

• La gastronomie

Autour de la table, elle a pris le pouvoir. De l'émergence des chefs au rang de stars planétaires à la soif de connaissances associées à la cuisine, la performance culinaire a pris une place centrale dans l'acte social. Dans tous les pays, les magazines et les émissions télévisuelles ont enregistré des succès grandissants. L'intérêt pour le vin n'a pas faibli, mais c'est le culte et le partage de la connaissance culinaire qui ont littéralement explosé. Le signe de reconnaissance n'est plus d'ouvrir une bouteille prestigieuse pour honorer des amis, mais d'avoir déployé des trésors d'ingéniosité en concevant à domicile le repas.

Le lieu de consommation du vin n'est donc plus forcément focalisé exclusivement en accompagnement d'un repas. Ceci est particulièrement vrai pour les pays qui ont fortement accru leur consommation de vin et pour les jeunes générations qui découvrent le vin.

Cela entraîne un questionnement important pour les producteurs, devant leur permettre de mieux préciser leur réponse à ces besoins du marché :

– Quel vin, pour quelle circonstance ?

– Quel code de reconnaissance ?

– Quel type de vin rouge consommer en dehors des repas ?

– Comment introduire le rosé comme alternative crédible dans certains pays ?

– Va-t-on épuiser le ressort du chardonnay, acteur incontournable du blanc ?

– Quel conditionnement pour des occasions hors du domicile ?

– Comment promouvoir le vin au verre haut de gamme ?

4. Jouons collectif

Si nous voulons rester compétitifs, il nous faut dynamiser les quatre métiers de base de la filière : le vignoble, la vinification et l'élevage, la mise en bouteilles et la commercialisation.

La vigne et la qualité du matériel végétal seront le défi du IIIe millénaire

Encépagement, génétique, maladie du bois, environnement, culture biologique, rendements, paysages : investissons massivement pour valoriser le patrimoine végétal de nos entreprises viticoles.

Le vignoble est certainement le créneau sur lequel nous devons faire porter nos efforts. Les challenges sont forts, car nous parlons d'un patrimoine vivant, structurant à long terme et qui donne de sérieux signes de fatigue. Le magazine agricole *La Vigne* tire la sonnette d'alarme : « Nous avons un vignoble âgé, peu renouvelé compte tenu de la crise. Pour limiter les coûts, les producteurs ont freiné les apports d'engrais. Peu à peu, les vignes s'épuisent[49]. »

L'entretien et les choix de plantation vont déterminer l'avenir et nous sommes face à des bouleversements importants :

49. *La Vigne*, nº 226, décembre 2010, p. 43.

– le renouvellement des générations : nombre de vignerons n'auront pas toujours de descendance apte à reprendre la suite des opérations, ou motivée pour cela...

– nombre de vignobles n'ont pas été correctement entretenus et revitalisés en temps et en heure, faute de moyens ou de volonté...

– l'intensité de la promotion immobilière transforme progressivement les terres à vignes en lotissements pavillonnaires ;

– la recherche sur les maladies du matériel végétal, sur la gestion des traitements chimiques, sur les conduites alternatives de la vigne, sur la mécanisation doit être expérimentée et évaluée économiquement pour apporter des réponses claires aux professionnels ;

– les aides européennes à l'arrachage bouleversent le paysage de nos campagnes en abandonnant les terres agricoles à la friche et font quelquefois renoncer à des terroirs difficiles mais donnant des vins de caractère.

En tant que pays leader mondial à la tête de l'une des plus importantes surfaces agricoles consacrées à la vigne, la France se doit d'être à la pointe des méthodes de travail agricole. Au-delà de la protection de la génétique des plants existants, il nous faut apporter des réponses aux grands défis de l'avenir : l'écoresponsabilité, les impacts environnementaux, le réchauffement climatique, la limitation des usages de pesticides et autres produits chimiques, les méthodes biologiques. En donnant le feu vert à des essais de plants de vigne génétiquement modifiés, le ministre Bruno Le Maire tente d'ouvrir la voie à une accélération des recherches et à un retour de la France dans le concert des acteurs du matériel végétal[50]. La conscience environnementale est une opportunité unique pour mettre sur la table tous les sujets et confronter de manière scientifique l'ensemble des tentatives menées au niveau international.

Concentrons nos moyens de production : *small is not so beautiful*[51]

Inventons des pôles de production regroupant tous les acteurs sur un périmètre géographique restreint, afin de concentrer les compétences, les technologies, les flux logistiques et la gestion environnementale.

Concentrons nos moyens autour du modèle des *wineries* du Nouveau Monde, configurées spécifiquement pour traiter aussi bien les volumes importants que les « microcuvées ».

Le vigneron ne peut pas tout assumer seul.

Confions les étapes de l'élaboration du vin à des structures mutualisées respectant la volonté, l'indépendance et le style des vins souhaités par le producteur et mettant à disposition des ressources et des capacités orientées dans le sens de l'efficacité, de la qualité et de la performance.

C'est un changement radical des habitudes culturelles et un comportement qui joue le « collectif » au détriment de l'individuel, qui prône la transparence et l'efficacité, qui ajoute de la contrainte et des responsabilités aux exploitants, mais pour mieux répondre à l'évolution des métiers et des marchés.

---

50. Interview au *Grand Jury* RTL-LCI du 9 mai 2010.
51. « Petit ne veut pas pour autant dire parfait » (traduction et interprétation de l'auteur) : en référence à la magie du « petit vigneron » qui a toutes les vertus face aux géants industriels de l'agroalimentaire du vin.

N'hésitons pas à associer négociants, producteurs et coopérateurs dans cette démarche, car ils possèdent chacun une partie des solutions à mettre en œuvre.

Une nouvelle économie basée sur la solidarité, un partage des meilleures pratiques de culture, la mise en commun des expériences et de l'agressivité commerciale sont à imaginer. De nouveaux mécanismes assurant le financement du cycle très long de la production, le portage des stocks, le renforcement des capitaux investis dans les cycles opérationnels doivent pouvoir venir conjuguer responsabilité sociale à long terme et professionnalisme à court terme.

Aujourd'hui, peu de structures coopératives accueillent en leur sein des associés non coopérateurs.

Les négociants gardent jalousement leurs capacités de production. Les propriétaires de vin en vrac sont prisonniers de leur domaine pour revendiquer la mise en bouteilles à la propriété. Chaque exploitation conçoit son vin en autarcie. Il n'est pas dans la culture française de confier ses raisins à un opérateur qui assurerait la transformation et restituerait à son propriétaire un vin vinifié apte à vieillir selon le désir et le style du vigneron, le tout dans des caves communes. L'individualisme hexagonal joue à plein.

Et pourtant, il serait autrement plus efficace de concentrer la matière première entre les mains de structures de production optimisées, qualifiées, certifiées.

Imaginons un bassin de production capable de confier à quelques *wineries*[52] de haute technologie leur matière première, pilotant au plus fin les processus de vinification, suivant les instructions du vigneron sur

---

52. Chais de production usant de technologies modernes pour la réception et la transformation du raisin en vin.

les options d'élevage et de vieillissement, conservant le vin dans les meilleures conditions et assurant au final une mise en bouteilles parfaitement contrôlée.

Le temps où chaque ferme de nos villages commercialisait son lait est révolu. Il est temps de prendre aussi des précautions avec la matière vinicole. Imaginons une sorte de *cluster*[53] du vin où toute la filière pourrait se rejoindre, où se regrouperaient les centres de production verriers, les cartonniers, les logisticiens et tous les acteurs concernés. Nous pourrions ainsi créer une organisation exploitant ses outils industriels de manière optimale, abaissant les coûts d'exploitation, activant une filière packaging éco-efficiente, évitant des redondances d'équipement dans chaque cave. Permettant de gérer globalement l'impact environnemental, d'investir dans la sécurité alimentaire, d'avoir à disposition des laboratoires d'analyse en temps réel, de gérer la logistique commerciale... Tout en respectant l'identité de chacun et la signature de chaque domaine.

Ces centres assureraient aussi la mise en bouteilles, une étape souvent négligée par la plupart des opérateurs qui la confient à des prestataires extérieurs pas toujours très qualitatifs. Or, il est clair que le destin d'un vin peut définitivement être déterminé à ce stade critique, qui inclue toute une série de choix et de processus essentiels à la survie des qualités d'un vin (clarification, stabilisation, filtration...). Il ne faut absolument pas le négliger. Mais là encore, les investissements sont coûteux, difficiles à saturer, employés

53. *Cluster* : concentration de compétences, d'infrastructures et de capacités de production en une zone géographique déterminée motivant le regroupement d'entreprises de même nature ayant les mêmes besoins.

de manière ponctuelle : tout un équipement qui gagnerait à être mis en commun.

Cette vision se veut être l'illustration poussée à son extrême de la logique de bassin régional de production, créant un maillage fin de réseaux d'entreprises qui permet de cumuler les avantages de la coopération et de la concurrence, d'intégrer les règles économiques des marchés et de rassembler sous un même toit les compétences, les fournisseurs et les technologies. Et tenter de consolider les ponts entre organisations autrefois antagonistes (le producteur, le négociant, la coopérative...) qui doivent construire de nouveaux liens de proximité en envisageant une salutaire « communauté de décision ».

Chassons en meute pour soutenir les régions les moins connues

Attaquons-nous à l'un des grands reproches fait à la France qui est d'encenser ses tours de Babel et de se précipiter dans des guerres de tranchées rendant ses investissements commerciaux inefficaces. Face à l'offensive de l'ensemble du monde viticole international, jouons l'esprit d'équipe.

Resserrons les liens et mettons en commun l'ensemble des savoir-faire dispersés pour promouvoir la maison France sur tous les continents.

Construisons un pôle commercial professionnel fait de commandos aguerris lors des manifestations commerciales majeures et capables de construire des offres performantes avec les producteurs.

Renonçons à saupoudrer nos moyens et à défendre chaque pré carré au niveau international.

Jouons collectif sur les marchés, à l'instar de nos concurrents. Ce qui frappe lorsque l'on observe les grands salons internationaux du vin, c'est la force et la cohérence du message délivré par les pays du Nouveau Monde, voire l'Italie, l'Allemagne et l'Espagne. Sur des surfaces d'exposition tout à fait conséquentes, ils arrivent à résumer l'image de leurs origines, donner un ton à leur communication, jouer avec facilité le groupe et l'individu, alternativement, tout en donnant une impression de professionnalisme, de tonus commercial et de modernité assumée. En travaillant un noyau collectif puissant, ils ont surtout l'art de concentrer leurs budgets promotionnels sur une idée forte simple et commune.

Devant une offre surabondante, ils ont compris que « chasser en meute » serait la meilleure méthode pour ramasser la mise. De son côté, la France joue plutôt au franc-tireur. Nous sommes de sympathiques et indécrottables individualistes. C'est là précisément l'un des reproches les plus graves faits par les opérateurs internationaux aux producteurs français. Nous jouons trop les Don Quichotte et perdons l'esprit d'équipe et la force du label France. Nous nous épuisons à diluer nos moyens, à essayer d'entraîner chaque appellation et sa diversité dans une gaie et tumultueuse foire aux vins aux allures un peu surannées. Chaque région joue sa partition, tente de sortir son atout maître. Et nous perdons le fil et les contrats.

Inutile de nous bercer d'illusions. Le commerce est un métier qui nécessite une attention de tous les instants, une saine agressivité, un maillage fin des marchés, un réseautage à l'affût des opportunités, un esprit de chasseur. À l'heure des outils de communication moderne, la réactivité et la vitesse de réponse sont des avantages concurrentiels déterminants. Le vigneron solitaire n'est sûrement pas le mieux armé pour développer son affaire, tout consacré qu'il est à veiller aux cycles de son exploitation.

Un travail collectif et mutuel, voire coopératif, est à envisager d'urgence. Car hormis quelques régions et producteurs reconnus au niveau mondial, l'ensemble de la production gagnerait à s'unir sous une même bannière. Là où nos concurrents investissent massivement dans des opérations d'image ou de promotion, nos producteurs arrivent péniblement à dégager des budgets d'animation. Il est donc indispensable de consolider les moyens de l'ensemble des acteurs ne bénéficiant pas d'un nom reconnu par les grands pays consommateurs hors de France. De fait, d'après les études de notoriété internationale, seules six régions semblent avoir une réalité tangible résistante aux ténors internationaux :

– Bordeaux et ses sous-ensembles de crus de la rive droite et rive gauche ;

– Bourgogne et ses deux sous-ensembles (beaujolais et chablis) ;

– Alsace ;

– Rhône ;

– Loire ;

– Le « Sud » au sens large, de Nice à Biarritz.

En dehors de ces noms mondialement connus, l'espoir de faire émerger une région alternative est très faible. Il va falloir s'y résoudre. Versé dans une culture de marque et de produits stars, le marché ne pourra pas détecter aisément une zone de production faisant un produit honnête et marchand, ce que réalisent 80 % des régions françaises. Nos initiatives commerciales doivent adopter comme règle d'or la simplicité et la concentration, en utilisant des références régionales parfaitement intelligibles et peu nombreuses. Unir le destin des vins pyrénéens de Pacherenc et les niçois du Bellet peut sembler étrange ? C'est probablement la seule voie pour mener ces typicités anonymes vers une reconnaissance internationale surfant sur une identité « Sud » mondialement remarquée depuis un siècle.

5. Arrêtons de multiplier les régions

Stoppons l'inflation des AOC

Plus de 450 AOC quadrillent l'espace viticole français. Nous pensions que les plus irréductibles de nos producteurs avaient pris conscience que l'accumulation de terroirs pouvait mener à un millefeuille indigeste. Que la prudence était de rigueur dans les instances professionnelles. Que l'empilage des régions de production censées être remarquables pouvait engendrer confusion et frustrations.

Mais c'était mésestimer le travail de bénédictin de nos croisés de l'AOC. Persuadées de sauver notre patrimoine viticole, nos administrations continuent de valider de nouveaux terroirs et d'entraîner dans leur sillage bien des producteurs persuadés d'avoir décroché un bout de paradis. Les derniers actes de naissance consacrent les appellations de puy-notre-dame, languedoc-sommières, moselle et côtes-d'auvergne. Il serait grand temps de marquer une pause.

Unifions le destin du sud autour d'un seul bassin de production de vins de pays en IGP

La plus grande partie du vignoble des vins de pays, placée au sud de la France, essaie de structurer une sorte de Yalta de la vigne. Lorsque vous débouchez de la vallée du Rhône et plongez à droite vers le sud, cette immensité du vignoble porte à croire que nous sommes dans le Nouveau Monde. Malgré les efforts de nombre de décideurs voulant porter haut le destin de cette région, nous n'arrivons pas à lier les efforts de toute cette communauté humaine vers un destin commun. Les projets d'union sacrée n'ont pas encore porté les fruits escomptés. Le front des organisations professionnelles reste divisé en plusieurs systèmes différents. Le rôle commercial important mis en place autour du concept de « Sud de France » est néanmoins un grand pas en avant qu'il faudrait prolonger. Car il représente une initiative d'action concertée, un geste vers une harmonisation de la politique commerciale d'une région de production de vins à forts volumes, qui a vocation à construire un plan offensif de prospection à l'international, d'identifier les besoins, d'inciter à l'innovation et d'investir dans la qualité.

Mais il ne nous est pas impossible de rêver à une extension de cet embryon de *cluster* régional vers une zone beaucoup plus vaste. Elle pourrait correspondre à ce que le monde entier imagine en pensant à un territoire comme le sud de la France, s'étendant de l'Atlantique à la Méditerranée et mariant basques et provençaux. Elle permettrait d'envisager un encépagement plus diversifié, une utile source de vins blancs et de rosés, des marques fortes, de nouvelles compétences et une mutualisation des investissements d'animation des marchés d'exportation.

6. Soutenons et rémunérons la qualité

Évaluer, rémunérer et investir

C'est là la seule assurance d'engagement pour la qualité. La filière doit prendre conscience que chaque élément entrant dans la chaîne de valeur doit être rémunéré convenablement et rationnellement, que chaque intervenant doit être responsabilisé et conscient de sa contribution au résultat final, que l'accélération du progrès technique impose d'investir constamment pour continuer à élaborer les vins dans les meilleures règles de l'art.

La qualité du vin est un sujet sans fin. Pour avoir pratiqué la dégustation et avoir partagé cet art avec nombre de professionnels, c'est un travail difficile et emprunt de beaucoup d'humilité. Essayer de lier ce mode d'évaluation avec une quelconque valorisation financière relève de la gageure. Comparez les baies de raisin de deux parcelles distantes de quelques dizaines de mètres : vous sentirez immédiatement la difficulté de l'exercice. La rémunération de la qualité est pourtant au centre de toutes les préoccupations. Or, il est assez difficile de se mettre d'accord sur un protocole reconnu. Certes, plus personne aujourd'hui ne voudrait revenir à une époque révolue où le mode de rémunération des vignerons consistait à mesurer le taux de sucre du raisin et à payer la récolte en fonction du « kilodegré » anticipant le rendement en alcool prévu.

Afin d'apporter un tant soit peu de rationalité dans la bataille quotidienne de la qualité, de nombreuses méthodes ont été expérimentées, au premier rang desquelles l'intensité de travail exigée. En concevant un cahier des charges précis, en recommandant des méthodes de travail chronophages ou en introduisant plus de risques techniques, en pilotant les dates de vendanges et les techniques de récolte, la rémunération du producteur peut varier.

Au deuxième rang, les techniques analytiques. L'adage de tout œnologue s'appuie sur les vertus du « pour faire un bon vin, il faut de bons raisins ». Encore faut-il le mesurer ? Tournant le dos aux dégustations aléatoires, des chercheurs et scientifiques ont mis au point une batterie de tests mesurant le stade physiologique des raisins. Le fruit se retrouve traqué par des ordinateurs, combinaison aléatoire de pH, de degré d'alcool, de teneur en sucre, d'acidité, de poids individuel des baies... Puis sont arrivées des méthodes anticipant le potentiel de vinification des raisins par mesure du potentiel de coloration, de la présence de précurseurs d'arômes glycosylés, de la teneur en anthocyanes, de l'évaluation des atteintes de botrytis.

En professionnalisant le prélèvement, l'évaluation et l'interprétation des résultats, de gros efforts ont été effectués pour associer les vignerons à des engagements de qualité fondés sur des éléments factuels et mesurables. Toutes ces données doivent tendre à fournir les bases d'un contrat fondé sur des critères tangibles permettant d'apporter un fondement rationnel au débat sur l'évaluation et la rémunération d'une vendange, laquelle représente toute une année de labeur.

Mais tout cela a un coût. Toutes les organisations ne semblent pas conscientes de la nécessité d'investir et de mettre au point des méthodes qui permettent de classifier un lot de raisins sans contestation possible. En découle l'utilité d'une saine organisation des sites de production, répondant à des normes de sécurité alimentaire, d'hygiène, de propreté et de conditions de travail correctes. Ou encore l'intérêt d'une cave correctement climatisée et humidifiée. Ou constater que le fait de manipuler des produits à fort degré d'alcool ne les immunise pas contre l'application de drastiques règles agroalimentaires drastiques.

7. Innovons

Inverser l'équation agricole

Imaginons demain : 80 % des produits achetés aujourd'hui n'existaient pas il y a dix ans. L'innovation est un nouveau réflexe dans le milieu du vin.

La culture du changement est presque opposée au respect des traditions. L'écoute du client a été un solide argument pour faire bouger les lignes de ceux qui avaient traversé les frontières. Mais combien de consommateurs ont été écoutés par ceux restés au pays ?

Peu de manageurs sont habitués au risque inhérent à toute initiative nouvelle en ce domaine. Ne laissons pas la concurrence prendre une avance irrémédiable.

Des cinq défis définis lors du Mondial de l'agriculture 2010, il est plus qu'urgent d'inverser les priorités. Totalement. Et ce afin de révolutionner les esprits. Dans les orientations stratégiques, il est symptomatique de lire qu'à la cinquième et dernière position, il est fait écho au thème « Inventer les produits agricoles du futur ». Ne serait-ce pas un préalable à toutes les autres priorités, et en particulier à la première, qui énonce qu'elle veut « assurer un revenu décent aux agriculteurs » ? L'enjeu alimentaire revient en force dans le jeu politique et l'agriculture n'a jamais été aussi bien armée pour vanter ses mérites de ressource « stratégique ». Mais la résistance au changement est considérable dans le secteur du vin en France.

Nombre de producteurs prestigieux osent des stratégies innovantes à l'exportation, tout en les occultant sur le territoire national, de peur que l'opinion ne s'en émeuve.

Pourtant, le marché du Bag-In-Box, de la « fontaine à vins » se porte à merveille. Les capsules à vis progressent à pas de géant et équipent 15 à 20 % de la production mondiale. Les copeaux de bois offrent une alternative gustative à des produits d'entrée de gamme. Les concepts de vin trouvent leur public : Montes Yellow Tail, Blossom Hill, Kumala, Banrock Station, Woodbridge, ou le Chinois Yunnan Red...

Les poussées environnementales font réfléchir aux méthodes d'emballage et de transport : poids de verre allégé, bouchages alternatifs, taille des conditionnements... Les habitudes alimentaires devraient apporter leur lot de contraintes : fractionnement des contenants, vin au verre, rafraîchissement, stockage, acte d'achat...

L'exposition sur les linéaires ou sur les cartes des vins est appelée à évoluer, à guider le consommateur...

Pour contribuer à satisfaire la curiosité de millions d'amateurs de vins, nous sommes condamnés à innover.

8. Assurons une continuité de résultat

Adopter des méthodes de mesure de la qualité

Au-delà du débat sur l'adoption de méthodes de management de la qualité, l'une des principales plaintes du consommateur est la variation de qualité d'une bouteille à l'autre. Si le client est apte à comprendre de légères variations d'un millésime à l'autre, il n'est plus prêt à croire le producteur qui présente au fil de l'année des bouteilles dont les qualités organoleptiques varient sensiblement.

L'élaboration du vin obéit à de nombreuses contraintes, et peut subir de nombreux aléas de production. Si le bouchon est responsable de certains défauts, il n'est pas le seul. La rigueur de la tenue de la cave, la lutte contre les défauts et déviations, la stabilité des températures et la protection contre l'oxydation doivent être un souci constant. La microbiologie apporte des témoins de surveillance aptes à anticiper, si tant est que les chais soient équipés de machines performantes analysant l'intimité des vins. Et les différentes filtrations avant mise en bouteilles assurent une partie du résultat.

Mais là encore, les avis divergent entre les partisans du «zéro germe» et les chantres de la matière première vivante. C'est le marché qui dicte en dernier recours sa loi. Chaque pays a une législation en la matière et demande une mise en conformité. Mais faut-il pour autant aller dans certains cas jusqu'à pasteuriser les vins ? Et l'indiquer sur l'étiquette ?

Dans une société où le premier réflexe est d'en appeler au principe de précaution, nous ne sommes pas certains que le vigneron attaché à ses levures indigènes ou sans soufre sorte grandi de bouteilles approximatives. En tout cas, les organisations qui continuent à vouloir faire confiance à la probité de chaque opérateur, à ne pas exercer de contrôle en amont sur les parcelles, à ne pas exiger un suivi de toutes les opérations menées en cours de campagnes seront exposées à bien des déconvenues[54].

54. Voir par exemple la charte d'approche d'élaboration de l'Association des vins naturels : «Il n'y a pas de contrôle interne. Cette charte de bonne conduite, basée sur la confiance, sera signée par les vignerons adhérents sans exception.»

9. Dégageons des moyens pour promouvoir nos vins

Prévoir une meilleure répartition de la valeur du produit à destination des investissements promotionnels

Le vin français peut s'enorgueillir du prestige de ses grands crus, de la notoriété de ses producteurs et du travail des maisons de négoce. Mais il a du mal à dégager des moyens pour promouvoir les vins dès lors qu'ils sont positionnés sur les marchés. Or, tout un travail de soutien est indispensable, mais aussi budgétivore. Le vin ne se vend pas seul.

Bien des domaines pensent qu'après avoir franchi les grilles de la propriété, le vin est vendu... Une étape importante est franchie, mais il en reste bien d'autres.

C'est une grande illusion de croire que les opérateurs locaux soutiendront à bout de bras les vignerons français au nom d'un leadership historique. Comme toute organisation humaine, ils obéissent à des lois économiques et à une logique de l'efficacité. Ils ont besoin d'être motivés, assistés, poussés dans leurs retranchements.

Il est fondamental de partager leurs contraintes locales. Et elles sont nombreuses. Souvent à la tête de catalogues de vins aussi épais que celui de La Redoute, ils vont au plus simple. À ce qui se vend facilement. S'ils se sentent épaulés, et à condition de financer leurs inévitables opérations promotionnelles, il y a de bonnes chances pour que les bouteilles se retrouvent sur une table de restaurant ou au fond du panier de la ménagère. Mais malheur aux stocks qui tournent mal, aux invendus, aux retours des clients, aux millésimes anciens. Ceci nécessite des marges suffisantes pour financer l'aval.

Or, l'essentiel des ressources est consacré à l'amont, à la production. Charges élevées et prix de vente insuffisamment valorisés font entrer la filière dans un cycle infernal ne suscitant pas assez de moyens marketing et commerciaux. La bataille du prix engagée depuis des années doit laisser la place à des produits pensés pour les marchés, engagés dans une dynamique de rotation élevée des stocks et soutenue fortement par des plans d'animation.

Face aux machines bien rodées des multinationales australiennes ou américaines, la filière doit impérativement s'armer de moyens puissants, choisir ses champions et concentrer ses combats. Et renoncer au seul argument prix.

10. Voyons l'avenir au féminin

Le nombre de femmes impliquées dans les affaires de vin croît à toute vitesse. Celles aux commandes des chais font accomplir des bonds prodigieux à la qualité sensorielle des vins. Celles qui achètent et fréquentent les linéaires ont gagné en autonomie. Les prescripteurs féminins se multiplient. Seraient-elles l'avenir de la filière ?

La liste des femmes ayant accédé à des postes décisionnaires dans le secteur du vin ne cesse de s'allonger. À tous les échelons, de la sommellerie à la direction des domaines, en passant par l'œnologie, force est de constater que les femmes conquièrent une place importante dans le monde très fermé du vin.

Apportant une sensibilité différente, elles produisent des vins de grande qualité et observent avec leur propre subjectivité un monde autrefois dominé par les hommes. Idées neuves, respect de l'environnement, préoccupation du détail, obsession du produit final, bien des maisons ont été transformées par leur seule présence et impulsion. Elles s'attachent aussi bien aux stratégies, à la prospection qu'à l'élaboration des produits : ne doutons pas que nous avons là un atout majeur à mettre en avant sur tous les marchés mondiaux.

Surtout depuis que les femmes ont mis la main sur la décision d'achat et font de plus en plus valoir leur jugement. Les foires aux vins ont légitimé un canal de distribution que de nombreux professionnels voulaient soigneusement éviter. Incidemment, les hypermarchés ont offert sur un plateau les clefs de la cave familiale aux femmes, qui sont ainsi devenues les décideuses en dernier ressort. Autrefois l'apanage des hommes, ce domaine réservé a volé en éclats, ce qui apporte une vivifiante évolution gustative et commerciale aux vins.

La liste des propriétés influencées par les femmes ne cesse de s'allonger : Margaux, Pichon-Lalande, Mouton Rothschild, La Tour de Bessan, La Lagune, Georges Vernet, Jaboulet, Sainte Roseline, Les Malandes, Anne Gros, Duval Leroy et bien d'autres...

11. Réinventons le vocabulaire du vin

Le consommateur doit pouvoir comprendre ce qu'il achète. Le seul espace sur lequel le client peut tenter de décrypter l'offre se trouve au dos de la bouteille et sur les sites internet. Gardons l'initiative du verbe pour conserver le leadership culturel.

Réenchantons la magie des mots à propos du vin :

– travaillons sur un vocabulaire simple et intelligible au plus grand nombre ;

– créons une codification de la nature et de l'intensité du vin ;

– apposons une mesure des unités d'alcool ;

– suscitons la création de cartes des vins explicites et descriptives.

La description d'un vin par les mots relève d'un exercice difficile. Faire passer une émotion gustative et olfactive au tamis de la langue est périlleux. Il faut non seulement trouver les mots justes, mais encore être compris par le lecteur. Faire comprendre les facettes d'un vin à un béotien est aussi difficile que de tenter de décrire une couleur à un non-voyant ou une symphonie à un malentendant. Beaucoup de termes sont codifiés et semblent évidents aux professionnels. C'est loin d'être le cas pour l'amateur qui se perd en conjectures sur le caractère soyeux, les arômes beurrés, les notes de musc ou de pierre à fusil.

Dans les faits, l'espace de description du vin est réduit à la portion congrue. À défaut de connexion internet – l'espace disponible y est quasiment infini –, le document de référence reste l'étiquette apposée au dos de la bouteille. Ce document de quelques centimètres carrés doit faire passer toute une batterie d'informations bien difficiles à faire cohabiter :

– les indications obligatoires de volumes, alcool, la présence de sulfites dans toutes les langues européennes...

– les logos d'information au consommateur ;

– l'adresse du responsable légal du produit.

Et bien d'autres encore...

À l'initiative du producteur ou du distributeur, les zones imprimables disponibles font l'objet d'âpres discussions sur les éléments à porter à la connaissance du consommateur.

Étonnamment, la France prend assez peu d'initiatives dans ce domaine.

Les pays anglo-saxons et les grands acteurs de la distribution sont plutôt en avance sur ces sujets. Ils planchent sur des systèmes simples faisant appel à des représentations graphiques. À défaut de trouver des mots intelligibles par le plus grand nombre, rien ne vaut un dessin, un cryptogramme. À l'instar des produits alimentaires mentionnant les propriétés nutritives, certains pays testent des classifications gustatives des vins, mentionnant les qualités aromatiques, l'ampleur, la charpente, la fraîcheur. D'autres se sont chargés de codifier les doses journalières d'alcool à ne pas dépasser. Tous ces procédés censés éclairer le consommateur veulent aller plus loin que les descriptions sommaires ou poétiques rédigées par les producteurs. Et venir soutenir le consommateur dans sa quête du meilleur choix. L'espoir viendra sûrement des technologies de lecture associées à nos désormais indispensables téléphones portables. Reliés en permanence avec internet, ils sont capables de lire et de reconnaître instantanément des codifications de produit apposées sur les bouteilles et de fournir l'information-produit ainsi que d'autres fiches techniques, directement sur l'écran.

En se lançant dans la construction d'une codification commune de description des vins, nous serions légitimement bien placés pour réinventer le vocabulaire du vin, nous le réapproprier et reprendre la maîtrise des mots et de la communication de la connaissance du vin. À défaut de garder le leadership mondial en termes de business, gardons l'initiative linguistique en matière de vin.

12. Redonnons du sens et de la fierté à 80 % de notre production

À force de concentrer l'attention sur le meilleur de notre production, nous avons un peu perdu le fil et le sens de notre filière. Nous bénéficions d'une notoriété de sites de production incomparables que la géographie et nos paysages ont su nous offrir. Mais la réalité des faits est loin de satisfaire un besoin qui se situe majoritairement sous les cinq euros prix public. C'est bien dans cette fourchette que se joue l'avenir de ce secteur d'activités au plan international. Et il y a peu d'espoir pour que cette situation évolue radicalement.

Subissant la pression économique du système social français, exposés frontalement à la concurrence du Nouveau Monde, les opérateurs ont progressivement perdu du terrain et manqué un tournant salvateur. Le sentiment dominant est de regarder avec condescendance tout ce qui peut ressembler à une dimension industrielle du vin. Les sites de production de masse font fuir. Un peu comme s'il fallait confier la construction de nos voitures à des petits ateliers de quartier. Les mémoires ont la vie dure. L'époque lointaine où le vin de table aux cinq étoiles coulait à flot reste dans nos souvenirs.

Les grands acteurs de l'agroalimentaire ont su surfer sur les tendances consuméristes, endosser des combats nutritionnels ou sociétaux. Pas les professionnels du vin. Ils ont en particulier perdu la bataille médiatique, dépossédés d'une part de voix que leur rôle économique justifierait. Personne ne parle sérieusement de la performance des grandes marques françaises de vin et des vertus de leurs produits. Les lauriers vont aux plus prestigieuses maisons portant fièrement les couleurs du *Made in France*. Et personne ne cite les performances de nos vrais leaders. C'est bien dommage. Qui reconnaît les acteurs majeurs du secteur : Grands Chais de France, Castel, Val d'Orbieu, Listel ?

Acteurs du secteur coopératif, opérateurs négociants, tous les entrepreneurs de premier plan de l'agroalimentaire viticole ont à reconquérir les cœurs et une nouvelle légitimité. Le sort de la viticulture française se joue bien sur les marchés, pas dans les caves. À quand un Penfolds français encensé et reconnu sur le territoire national ?

CONCLUSION

« On meurt plus chez Klin que chez Bartch »

(Louis Ferdinand Céline)

À force de vouloir refuser l'évidence, le secteur viticole français vit très mal son entrée dans le XXIe siècle. Conforté par sa maîtrise technique et par son antériorité historique, il n'a pas voulu tirer les conclusions d'une évolution sociologique de baisse de la consommation dans les pays producteurs de vin et d'une émergence de nouvelles générations d'amateurs éclairés dans d'autres territoires. Avec des attentes différentes, un accès décomplexé au produit, une exigence de résultat et des moments de consommation déstructurés.

Fondamentalement excédentaire, la production mondiale s'obstine à mettre sur le marché des volumes de vin que le consommateur n'a de toute façon pas l'intention d'acheter. C'est la pire des situations car l'acheteur est en position de force. Il a à sa disposition une transparence des informations sur les rendements et les cours. Il a une profusion d'offres venant de dizaines de milliers de producteurs. La compétition fait rage et la sanction tombe vite.

L'acteur économique qui a su développer la meilleure solution aux attentes de ses clients l'emporte.

Dans ce contexte, il n'est pas sûr que la France soit la mieux préparée à prêter une oreille attentive à ses marchés. Dans bien des cas, nous persévérons dans une logique de copier-coller de nos systèmes d'appellation qui provoque chez les acheteurs une assez forte perplexité. Penser que le système mis en place avec succès sur le marché intérieur peut réussir sur le marché européen, ouvrir les portes du grand large et conquérir des continents éloignés relève de l'utopie.

Personne ne comprend que, au prétexte que de légers cubes compacts en carton de trois litres ne sont pas assez nobles, nous renoncions à mettre certains de nos vins dans des emballages préservant l'environnement. Certains trouvent indécent de boucher nos meilleures bouteilles avec d'efficaces capsules à vis. Des régions prestigieuses appellent encore à l'excommunication des producteurs osant utiliser le vocabulaire des cépages. Il faudra des batailles homériques pour que des progrès techniques, dont le seul objectif est de faire un produit qui plaise, soient adoptés dans nos régions de production.

Nombre d'experts nous avertissent depuis des années que des écarts trop nombreux de qualité ne pourront pas être tolérés éternellement et compensés par la réputation et le prestige de l'Hexagone. C'est le cas de René Renou, président du Comité Vins de l'INAO, qui répondait ainsi dans un entretien donné au *Monde* en mai 2005 : « Les syndicats d'AOC ont trop souvent protégé les mauvais. Il faut rompre avec la loi du silence, retrouver une transparence absolue. [...] Si nous ne remettons pas de l'ordre dans le système, nous risquons de rester sur le quai. »

Le marché intérieur ultraprotégé est un très mauvais terrain de préparation à la course d'obstacles que représente la conquête de l'exportation. C'est pourtant ailleurs que se nichent les futures zones de croissance de la filière vins. La culture productiviste des années 1960-1970 aurait dû nous préparer à construire des outils de production aptes à répondre à une demande massive. Avec le plus vaste vignoble planté au monde, des coopératives puissantes et un négoce de qualité, nous devrions compter sur des champions nationaux. Paradoxalement, parti en ordre dispersé, s'appuyant sur une organisation complexe de l'offre, confronté à des exigences gustatives différentes, le vin français semble mal résister aux pressions des ténors du Nouveau Monde.

Des chais de production ultramodernes, des cépages séduisants, un design soigné, des méthodes et des moyens promotionnels sans précédent, des marques facilement reconnaissables : les nouveaux acteurs ont joué la carte de la modernité et du charme de produits accessibles. Un vin au caractère clair et net, des codes simples de cépage, un nom qui s'affirme à coups de budgets de référencement : le consommateur achète. Exclu progressivement de segments à forts volumes, le vin français se réfugie dans ce qu'il croit être son domaine de prédilection : le haut de gamme. Malheureusement, ce haut niveau de performance requiert des qualités exceptionnelles et des moyens financiers importants. Autant dire qu'à terme, il y aura beaucoup d'appelés, mais peu d'élus. Car les évidences et les stéréotypes sont souvent les plus grands écueils intellectuels.

Le vin français serait le meilleur au monde ? Les grandes confrontations mondiales ont démontré que cette domination n'est plus sans partage.

Le vin français serait le plus désiré et le plus valorisé ? Notre part de marché mondiale s'est effondrée tant en valeur (15 % en 2009 contre 29 % en 1990) qu'en volumes (34 % en 2009 contre 51 % en 1990).

Le vin français serait le plus sophistiqué et le plus précieux ? Souvent, nous observons que les vins d'origine française sont les moins chers sur une carte des vins.

Ces simples observations devraient nous inciter à réfléchir à la réelle perception de nos produits alimentaires après une génération de développement commercial bien souvent incohérent. Et qui provoque en 2009 la perte de notre place de premier exportateur agroalimentaire européen au profit de l'Allemagne[55].

Crise des vocations, désertification, paupérisation des populations, le revenu des vignerons fonctionne au rythme de vendanges déficitaires ou excédentaires. Bien heureux celui qui peut prédire les contours de la campagne française dans vingt ans. La saignée des forces vives des campagnes semble avoir atteint un palier. Heureusement, car d'immenses chantiers attendent nos vignes.

Si la mécanisation des vendanges a encore de beaux jours devant elle, la prise de conscience environnementale va nécessiter de renouer avec le travail manuel et l'entretien du matériel végétal. Fragilisées par des décennies de traitement chimique intensif, les terres à vignes vont devoir affronter le Grenelle de l'environnement et ses objectifs ambitieux. Sans doute faudra-t-il passer plus de temps autour des vignes à

---

55. Chute de notre part de marché européenne en agroalimentaire : de 9 % (2000) à 6,4 % (2009). Source : *Le Figaro* du 23 décembre 2010.

titre préventif, entretenir avec des produits associés à l'agriculture biologique, pulvériser avec précision, améliorer encore prévisions météorologiques et planning de traitement. Des coûts supplémentaires qu'il faudra maîtriser.

Une seule certitude : il va falloir réouvrir la boîte à idées...

Si nous avons raté le train des vins industriels de la mondialisation, il faut se préparer à saisir les prochaines tendances, celles qui nous permettront d'inventer un autre modèle de développement, faisant le pont entre une qualité technique irréprochable, un goût de cépage remarquable, une identité d'avant-garde et une clientèle qui veut boire modérément d'excellents produits à prix abordables.

Les douze travaux de Bacchus reprennent le flambeau de nombreux thèmes modernistes abordés dans de trop nombreux rapports ministériels (Berthomeau, Pomel, Vin sur Vin) et qui tardent à se concrétiser :

– réconcilions le vin avec la société civile après des années d'opprobre ;

– concentrons nos moyens pour faire émerger de nouveaux champions nationaux ;

– sachons évoluer et nous rapprocher du visage changeant du consommateur ;

– concentrons les moyens techniques pour viser une qualité irréprochable ;

– reprenons la main sur le vocabulaire, les signes et la culture du vin ;

– chassons en meute pour conquérir les marchés.

La domination sans partage du marché français semble aveugler la majorité de nos citoyens sur la situation dramatique du vin français sur les marchés internationaux. Nous éprouvons les plus grandes difficultés à construire de grands leaders mondiaux en vins tranquilles issus de la viticulture française. La seule entreprise hexagonale ayant fait une percée décisive en la matière possède ses vignobles bien loin de nos frontières, en Australie. Le groupe Ricard y a implanté un vin mondialement connu sous le nom de Jacob's Creek. Précisément sur des terroirs où le vin a été conçu pour répondre à la demande des marchés. Un fait qui devrait nous motiver à agir en faveur de nouvelles règles du jeu.

Il est plus que temps d'accélérer la reprise en main de notre destin.

Saurons-nous reprendre l'initiative, trouver les ressorts d'une filière efficace, ajuster nos parts de marché à notre forte notoriété, œuvrer à la rencontre entre le vin français et son public planétaire ?

REMERCIEMENTS

Cet ouvrage est tiré d'une expérience de management de vingt années passées au service de sociétés françaises du secteur du luxe riches d'un patrimoine technique et culturel unique, confrontées aux nécessaires adaptations et opportunités de la mondialisation. Six années plongé dans le secteur des vins m'ont fait découvrir une communauté humaine attachante et vivante confrontée aux vents mauvais de mutations majeures. Ce livre se veut une modeste contribution à la notoriété des difficultés de la filière et à la confrontation de logiques souvent opposées.

Mes premiers remerciements vont à Michel Laroche qui m'a enseigné l'essentiel du métier du vin et qui, au-delà de ses exceptionnelles qualités de visionnaire, a eu la générosité de me transmettre son expertise. Mes pensées vont aussi à l'ensemble des œnologues responsables des sites de production que j'ai eu le plaisir de diriger et qui m'ont fait confiance dans cette aventure professionnelle, Denis de la Bourdonnaye (Domaine Laroche, Chablis), Tinus Els (L'Avenir Afrique du Sud), Julian Grubb (Viña Punto Alto, Chili) et plus particulièrement Richard Lavanoux (Mas La Chevalière, Béziers) qui s'est chargé de relire les feuillets de ce manuscrit avec attention.

Que soient aussi associées à la genèse de cette réflexion les équipes de la maison Laroche qui m'entouraient et ont contribué à ce que se forgent au fil des années mes convictions : Valérie Lesimple, Jacky Degousse, François Gigandet, François Grosperrin, Franck Hauer, Renaud Laroche, Jean-Myrtil Laurent et Antoine Marois, ainsi que les équipes Qualité animées par Florence Chamon.

Ce livre n'aurait pu arriver à son terme sans les conseils éclairés de Violaine Sanson-Tricard qui m'a incité à ciseler cet ouvrage, Philippe Dunoyer de Segonzac qui a conforté ma démarche, Thierry Maillet et Paul Minelle dans leur soutien du projet, sans oublier les équipes des éditions François Bourin qui en ont fait une réalité.

Je dédie enfin ce livre à cinq comètes qui ont traversé ma vie professionnelle : Yves Barry, Georges Chétochine, Hervé Garand-Clavel, Gilles Toledano, Patricia Turck-Paquelier.

Paris, le 31 décembre 2010

cj@thebrandgallery.fr

BIBLIOGRAPHIE

Livres et essais

Blouin, Jacques, et Peynaud, Émile, *Connaissance et travail du vin*, Paris, Dunod, coll. « La Vigne », 2005, 4e éd.

Céline, Louis Ferdinand, *Semmelweiss* [1952], Paris, Gallimard, rééd. 1999.

Clarke, Oz, *Grapes and Wine : a comprehensive guide to varietals and flavours*, USA, Sterling Publishing, 2010.

Clavel, Jean, *Mondialisation des vins*, Bordeaux, éditions Féret, 2008.

Couderc, Jean-Pierre, Hannin, Hervé, D'Hauteville, François, et Montaigne Étienne, *Bacchus 2008 : enjeux, stratégies et pratiques dans la filière viticole*, Paris, Dunod, 2007.

Dion, Roger, *Histoire de la vigne et du vin en France, des origines au XIXe siècle*, [1960, *Revue de géographie de Lyon*], rééd. Éditions du CNRS, 2010.

–, *Le Paysage et la vigne. Essais de géographie historique*, Paris, Payot, 1990.

Feredj, Roland, *OPA sur la viticulture*, Bordeaux, éditions Féret, 2007.

Joly, Nicolas, *Le Vin, la vigne et la biodynamie*, Paris, Éditions du Sang de la Terre, 2007.

Johnson, Hugh, *Hugh Johnson's Story of Wine*, Royaume-Uni, Mitchell Beazley, janvier 1998.

–, *A life uncorked*, Royaume-Uni, Weidenfeld and Nicolson, 2005.

Joseph, Robert, *French Wines*, Royaume-Uni, Dorling Kindersley, 2005.

Kaiko Takeshi, *Romanée-Conti 1935*, traduit du japonais par Anne Bayard-Sakai, Arles, Éditions Philippe Picquier, 1996.

Marty, Alain, *Ils vont tuer le vin français*, Paris, Ramsay, 2004.

Mauriac, François, *Préséances*, Paris, Flammarion, 1921.

Parker, Robert, *Guide Parker des vins de France*, Paris, Solar, 2009.

Pitte, Jean-Robert, *Le Désir du vin à la conquête du monde*, Paris, Fayard, 2009.

Poussier, Olivier, Gerbelle, Antoine, Poels, Olivier, Simond, Jean-Emmanuel, Petronio, Roberto, et Maurange, Philippe, *Les Meilleurs vins de France 2011*, éd. de la Revue du Vin de France, 2010.

Renvoisé, Guy, *Le Monde du vin : art ou bluff*, Rodez, Éditions du Rouergue, 1996.

Ribéreau-Gayon, Pascal, Dubourdieu, Denis, Donèche, Bernard, et Lonvaud, Aline, *Traité d'œnologie*, Paris, Dunod, coll. « La Vigne », 1998, 5e éd.

Robinson, Jancis, *Confessions of a Wine Lover*, Londres, Penguin, 1999.

Saverot, Denis, et Simmat, Benoist, *In vino satanas*, Paris, Albin Michel, coll. « Essais Doc », 2008.

Stelzer, Tyson, *Taming the Screw*, Australie, The Wine Press, 2005.

Sun Tzu, *L'Art de la guerre*, traduit du japonais par Francis Wang, Paris, Flammarion, 1999.

Documents, rapports et articles de presse

Le lecteur pourra consulter la plupart des documents cités ci-dessous sur internet.

Barneto, Pascal, et Gruson, Pierre, professeurs associés à l'école de management de Bordeaux, *Les Marchés à terme du vin*, décembre 2007.

Baudouin, Patrick, *Roger Dion, de Joseph Capus à René Renou*, Colloque du cinquantenaire de l'histoire de la vigne et du vin, Société de géographie, janvier 2009.

Berry, Green David, Berry, Simon, Field, Simon, Griffiths, Alun, et Morris, Jasper, *A Glimpse into the World of Wine in 2058*, Berry Brothers & Rudd "Future of Wine" Report (Royaume-Uni), mai 2008.

Berthomeau, Jacques, Aguilas, Pierre, Chadronnier, Jean-Marie, Mirc, Pierre, Piton, Jean-Louis, Skalli, Robert, et Vallet Jean-Louis, *2010 : le défi des vins français* (Rapport Berthomeau), note d'orientation stratégique à l'attention du ministre de l'Agriculture, de l'Alimentation, de la pêche et des Affaires rurales, mai 2002.

Berthomeau, Jacques, *Comment mieux positionner les vins français sur les marchés d'exportation ?*, rapport au ministre de l'Agriculture et de la Pêche, juillet 2001.

Butault, J.-P., Dedryver, C. A., Gary, C., Guichard, L., Jacquet, F., Meynard J.-M., Nicot, P., Pitrat, M., Reau, R., Sauphanor, B., Savini, I., Volay T., *Quelles voies pour réduire l'usage des pesticides ?*, étude Ecophyto R&D, INRA, 2010.

Chambolle, Claire, Giraud-Héraud, Éric, « Certification de la qualité par une AOC : un modèle d'analyse », dans *Économie et Prévision*, 2003/3, n° 159, p. 83-91.

Les Champions de la distribution 2010, Rapport Deloitte, janvier 2010.

Coelho, Alfredo Manuel, Les Stratégies des multinationales du vin, Observatoire viticole de l'Hérault – Moisa – SupAgro Montpellier, 2008.

Comment identifier les attentes des consommateurs ?, exemple d'une étude sur le marché danois mis en œuvre par Ubifrance, en accord avec le ministère de l'Agriculture et de la Pêche et en partenariat avec l'Onivin, dans le cadre du colloque « Vin, consommation, distribution : nouveaux enjeux, nouvelles opportunités ? » organisé par le Sénat le 28 octobre 2004, DMA Research (Danemark).

Ditter, Jean-Guillaume, « Clusters et terroirs : les systèmes productifs localisés dans la filière viticole », dans *Reflets & Perspectives de la vie économique*, t. XLIV, n° 4, avril 2005.

Douglass, Shaw W., Jakus, P., "Perceived Hazard and Product Choice: an application to recreational site choice", dans *The Journal of Risk and Uncertainty*, Kluwer Academic Publishers, (Pays-Bas), 2003.

Dubourdieu, Denis, *La Valorisation du terroir par l'œnologue*, université Bordeaux 3, Institut des sciences de la vigne et du vin, février 2008.

Filippi Maryline, et Triboulet Pierre, « Typologie des comportements à innover des coopératives agricoles », dans *Économie rurale*, novembre-décembre 2006.

Filippi Maryline, Frey Olivier, Triboulet Pierre, et Vivensang Julien, *Bilan des lois de 1991 et 1992 et gouvernance des groupes coopératifs*, rapport final au ministère de l'Agriculture et de la Pêche, décembre 2006, document en ligne.

La Folie des chais, série limitée Vin, *Les Échos*, octobre 2009.

Gaucher, Séverine, Giraud-Héraud, Éric, et Tanguy, Éric, *Analyse économique du marché du raisin en Champagne en l'absence de régulation*, Laboratoire d'économétrie, École Polytechnique, 2005.

Giraud-Héraud, Éric, Soler, Louis-Georges, et Tanguy, Hervé, « Concurrence internationale dans le secteur viticole : quel avenir au modèle d'appellation d'origine contrôlée ? », dans *Cahiers du LORIA*, n° 2002-02, juin 2002.

Hinnewinkel Jean Claude, *Quelle valorisation du terroir dans la mondialisation du marché du vin ?*, université Bordeaux 3, Cervin (Centre d'études et de recherches sur la vigne et le vin), Institut des sciences de la vigne et du vin, octobre 2009.

Holter, Graham, et Rosen, Maggie, *Cork may yet redeem itself*, Off Licence News (Royaume-Uni), septembre 2006.

Lachèvre, Cyrille, « L'agriculteur est d'abord un entrepreneur », dans *Le Figaro* du 13 janvier 2010.

Note de conjoncture mondiale, mars 2010, éléments de conjoncture vitivinicole mondiale disponibles début octobre 2010, Organisation internationale de la vigne et du vin, document en ligne.

Perrier-Cornet, Philippe, Rousset, Sylvain, et Traversac, Jean-Baptiste, *Entreprises, territoires et institutions dans la filière vitivinicole californienne*, UMR INRA ENESAD – Économie et sociologie rurales, juillet 2003.

Planchard, Claire, « Des bouteilles pour la soif de spéculation », dans *01men*, mai 2007.

Pomel, Bernard, « Rapport Pomel. Réussir l'avenir de la viticulture française : plan national de restructuration de la filière viti-vinicole française », ministère de l'Agriculture et de la Pêche, mars 2006.

Ribaut, Jean-Claude, « Les vignobles du CAC 40 : le vin, signe extérieur de prestige des patrons », dans *Direct Matin*, juin 2008.

Roumegoux, Michel, *Vin sur Vin 2020*, plan stratégique de valorisation de la filière vitivinicole française à l'horizon 2020, ministère de l'Agriculture et de la Pêche, décembre 2008.

Top 100 2010 Wines. Best Wine of the World from 2000 to 2010, publication annuelle de *Wine Spectator*, Marvin Shanken Communication Inc. (États-Unis).

« Vin haute couture », interview de Karl Lagerfeld par Claudine Abitbol, dans *Le Figaro* du 27 octobre 2009.

Yvernault, Véronique, « S'adapter aux attentes et redonner l'envie d'acheter », XVIIIe édition des Mètres de l'Institut français du merchandising, dans *LSA*, novembre 2008.

TABLE

PARUS CHEZ FRANÇOIS BOURIN ÉDITEUR

Isabelle ALEXIS, *Brèves de filles*
Gonçalo AMARAL, *Maddie, l'enquête interdite*
Fabrice AMEDEO, *Les Fossoyeurs de l'Europe*
ANONYME, *Manuel de l'instituteur primaire*
Pierre-Valéry ARCHASSAL, *Généalogie, une passion moderne*
Juliette ARNAUD, *La Stratégie du mollusque*
Laurent BARAOU, Monsieur SEPTIME, *La Face cachée du vin*
Maurice BARRÈS, *Le Voyage de Sparte*
Annie BATLLE, Isabelle GERMAIN, Jeanne TARDIEU,
Le Dictionnaire iconoclaste du féminin
Jean BAUD, *Coup de tonnerre dans la grande distribution*
Olivier BEAUNAY, *Emploi, mode d'emploi*
Philippe BENASSAYA, *Les Hussards perdus de la République*
Laurence BENHAMOU, *Le Grand Bazar mondial*
Hamida BEN SADIA, *Itinéraire d'une femme française*
Abdenour BIDAR, *L'Islam face à la mort de Dieu*
Pierre BILGER, *Quatre millions d'euros, le prix de ma liberté*
BLANCAFORT, *Les Blablas du bling-bling*
Serge BLANCHARD, *Notre avenir dépend d'eux*
Gérald BLONCOURT, *Le Regard engagé*
Sophie BODY-GENDROT, *La peur détruira-t-elle la ville ?*
Sylvie BOMMEL, Anne-Laure REVEILHAC, *La Révolte des virés*
Michel BONGRAND, *Le Marketing politicien*
Yves BOT, *Ma justice*
Jacques-Olivier BOUDON, *Les Habits neufs de Napoléon*
Philippe BOULANGER, *Sociologie du Blaireau*
Gaël BRUSTIER, Jean-Philippe HUELIN,
Recherche le peuple désespérément
Jean CANOUREL, Nathalie LENOIR,
Comment devenir chef (et le rester) en 10 leçons
Thomas CANTALOUBE, *Les États-Désunis d'Obama*
Dimitri CASALI, Antoine AUGER,
Les 1001 Faits insolites de l'Histoire

Philippe CHALMIN,
- *Le Poivre et l'Or noir*
- *Des épices à l'or noir*
- *Le monde a faim*
- *Le Siècle de Jules*

Philippe CHALMIN, Alessandro GIRAUDO,
Au temps des comptoirs

Frédéric CHARPIER, *L'Obsession du complot*

Philippe Chevallier, *Être soi*

Pasteur François CLAVAIROLY, Grand rabbin Haïm KORSIA,
Paroles d'alliance

COLLECTIF,
- *L'Ère du risque*
- *Prévention et précaution*

Bertrand COLLOMB, Michel DRANCOURT,
Plaidoyer pour l'entreprise

Thierry COSTE, *Le Vrai Pouvoir d'un lobby*

Simon CRITCHLEY, *Les philosophes meurent aussi*

Thierry CROUZET,
- *Le Peuple des connecteurs*
- *Le Cinquième Pouvoir*

André DAMON, *Mémoires du Petit Journal*

Jean-Marc DANIEL, *Le Socialisme de l'excellence*

Jean-Pierre DANIEL, *L'Assurance et ses secrets*

Bernard DARNICHE, *Citoyens de la route*

Michèle DEBONNEUIL, *L'Espoir économique*

Nicolas DELIEZ, Julien MIGNOT, *Le Cannibale de Rouen*

Bruno DELMAS, *La Société sans mémoire*

Chantal DELSOL, *Penser le présent*

Renaud DÉLY,
- *Les Tabous de la gauche*
- *Besancenot, l'idiot utile du sarkozysme*
- *Brèves de football*

Frédéric DENHEZ, *La Fabrique de nos peurs*

Bruno DESCROIX, *Demain les profs*

Pierre DEUSY, *Marx est mort, Jésus revient*

Nicolas DOUCERAIN, *Ma petite entreprise a connu la crise*

Mohamed DOUHANE, *Les Tabous de la police*
Gyaltsen DRÖLKAR, *L'Insoumise de Lhassa*
Jean-Michel DUBERNARD, *Sauvons la sécu !*
Bernard-Marie DUPONT,
D'un prétendu droit de mourir par humanité
Catherine DURANDIN,
– (avec la participation de Guy HOEDTS), *La Mort des Ceausescu : la vérité sur un coup d'État communiste*
– *Que veut la Russie ?*
Marc FIORENTINO, *Tu seras un homme riche, mon fils !*
Georges FLEURY,
– *Roland Garros*
– *Nous, les combattants d'Algérie*
– *Nous, les combattants d'Indochine*
Jean-Pierre FLEURY, *Le Bestiaire insolite*
Jean-Luc FOUCHER, *Ressources inhumaines*
Michel FOUCHER, *La Bataille des cartes*
Antoinette FOUQUE, *Qui êtes-vous, Antoinette Fouque ?*, entretiens avec Christophe Bourseiller
Jean-Christophe FROMANTIN,
Mon village dans un monde global
Gilles FUMEY, *Les Radis d'Ouzbékistan*
Samuele FURFARI, *Dieu, l'Homme et la Nature*
Pascal GALINIER, *Terminus Billancourt*
Philippe GALLARD, *À l'assaut du monde*
Christian GAMBOTTI,
– *Brèves de pouvoir*
– *Nouvelles Brèves de pouvoir*
– *Plaidoyer pour Sarkozy*
Tristan GARCIA, *Nous, animaux et humains*
Yvon GATTAZ,
– *La Seconde Vie*
– *Les ETI*
Jean-Pierre GAUDARD,
– *L'Intraitable Monsieur Mer*
– *Le Mal industriel français*
Théophile GAUTIER, *Zigzags en France*

Charles GAVE,

– *Un libéral nommé Jésus*

– *C'est une révolte ? Non, Sire, c'est une révolution !*

– *Libéral mais non coupable*

– *L'État est mort, vive l'état !*

David GENZEL, *Les Mots du Président*

François GERBER, *De l'inutilité du juge d'instruction*

Jeanne GOERRIAN, *Ils ont tué mon fils deux fois*

Vincent GORGUES, Laurent JACQUES,
Vladimir et le Premier ministre

Capucine GRABY, Muriel ROY-PRÊTET, *Le Sexe fort*

Gaëlle GUERNALEC-LEVY, *Appartement 24*

Chen GUIDI, Wu CHUNTAO,
Les Paysans chinois aujourd'hui

Christophe GUILLUY, *Fractures françaises*

Christian P. GURY,
L'Apprentissage, une autre manière de réussir

Docteur GY, *Comment faire des enfants heureux*

Victor HUGO, *Le Rhin, lettres à un ami*

Denis HUISMAN, *La Rage de communiquer*

Denis HUISMAN, André VERGEZ, *La Philosophie sans complexe* (coédition Hugo & Cie)

Jean-Philippe IMMARIGEON,

– *American parano*

– *Sarko, l'Américain*

– *L'imposture américaine*

– *La Diagonale de la défaite*

Emmanuel JAFFELIN, *Éloge de la gentillesse*

Guillaume JAN, *Le Baobab de Stanley*

JIANG RONG, *Le Totem du loup*

Bernard KANOVITCH, *Itinéraire d'un Juif français*

Frédéric KARPYTA, *La Face cachée du commerce équitable*

Éric KESLASSY, Alexis ROSENBAUM, *Mémoires vives*

Roselyne KOSKAS, Guy SCHWARTZ, *Le Pouvoir misogyne*

Paola de LA BAUME, Emmanuel GIANNESINI,
Dictionnaire impertinent du politique

Dominique LAPORTE, *Mon fils schizophrène*
Jean-Claude LASANTÉ, Bernard LALANNE,
Attention, chasseur de têtes
Pierre LASSUS,
– *L'Enfance du crime*
– *La Violence en héritage*
Éric LE BRAZ, *Géographie d'une presqu'île*
Martine LEFEUVRE-DÉOTTE, *Les Campeurs de la République*
Emmanuel LEMIEUX,
– *Le Krach des élites*
– *L'Annuel des idées*
Stéphane LENEUF,
– *Le Goût d'entreprendre*
– *Le Goût du pouvoir*
Carlos LISCANO, *L'Impunité des bourreaux*
Didier LONG,
– *Jésus, le rabbin qui aimait les femmes*
– *Capitalisme et christianisme*
Pierre LOTI, *La Mort de Philæ*
Michel MAFFESOLI, *Qui êtes-vous, Michel Maffesoli ?*, entretiens avec Christophe Bourseiller
Sozerko MALSAGOV, Nikolaï KISSELEV-GROMOV,
Aux origines du goulag
Yves MICHAUD, *Qu'est-ce que le mérite ?*
Julien MIGNOT, *Tu ne me battras plus*
Roland MOREAU, *L'immortalité est pour demain*
Edgar MORIN, *Ma gauche*
François MOUREAU, *Le Nouveau Prolétariat intellectuel*
Martial OLIVIER-KOEHRET, *La Santé aux urgences*
Pierre D'ORNANO, Denis BACHELOT, *Survivre à la crise*
Christian OYARBIDE, *Mon boss, ses trucs et ses tics*
Paul-François PAOLI, *La Tyrannie de la faiblesse*
Thierry PAQUOT,
– *Éloge du luxe. De l'utilité de l'inutile*
– *Petit manifeste pour une écologie existentielle*
– *La Folie des hauteurs*

Denise PARANÁ, *Lula, l'enfant du Brésil*
Anne PEZET, *Ces malades qu'on sacrifie*
Jean-Marc et Yidir PLANTADE, *La Face cachée de la Chine*
Jean POULIT, *Le Territoire des hommes*
Guillaume PRACHE, *Les Scandales de l'épargne retraite*
Serge REYNAUD,
– *Chroniques de la main courante*
– *Bonne nouvelle, c'est la police !*
Patrice ROMAIN, *Mots d'excuse*
Jacqueline DE ROMILLY,
Actualité de la démocratie athénienne
Philippe ROSÉ, *Indian connection*
Charles ROUX, *Le Philosophe au pied du mur*
Frédéric ROUX, *Hyperman*
Ignacy SACHS, *La Troisième Rive*
Christian SAINT-ETIENNE,
– *La France est-elle en faillite ?*
– *La Fin de l'euro*
– *Guerre et Paix au XXIe siècle*
– *L'État et votre argent*
Marie-Pierre SAMITIER, *Au pied du mur*
Philippe SASSIER, Jean BOTHOREL, *La Grande Distribution*
Daniel Salvatore SCHIFFER, *Critique de la déraison pure*
Lucile SCHMID *L'Égalité en danger ?*
Robert SCHNEIDER, *Le Gâchis*
Laurent SÉGALAT, *La Fabrique de l'homme*
Pierre SERVENT, *La Trahison des médias*
Nathan SHARANSKY, *Défense de la démocratie*
Franck SPENGLER, *Brèves de sexe*
STENDHAL, *Voyage dans le midi de la France*
Pierre de TAILLAC
– *Petite anthologie du flingage sur Facebook*
– *Brèves de manifs*
Hippolyte TAINE, *Voyage aux Pyrénées*
Frédéric TEULON, *La France aux mains des fils et filles de...*
Daniel TEYSSEIRE, *La France singulière*

Didier TOUSSAINT, *L'Inconscient de la FNAC*
Donald TRUMP,
- *Comment devenir riche*
- *Penser comme un champion*

Michel TURIN, *Profession escroc*
Laurence UBRICH,
- *Les Papys flingueurs*
- *Les Nouveaux Parents*

Guy VALLANCIEN, *La Santé n'est pas un droit*
Philippe VAN EECKHOUT, Élisabeth PRICAZ,
Guide anti-contrefaçon
Arnaud VIVIANT, *Complètement mytho!*
Patrick VOILLOT,
- *La Malédiction du trésor des tsars*
- *Les Mystères du diamant bleu*

François DE WITT, *Appauvrissez-vous!*
Charles WRIGHT, Dom Michel PASCAL,
À quoi servent les moines?
Lijia ZHANG, *Vive le socialisme!*
Charles ZORGBIBE, *Paix et Guerres en Afrique*
- Tome 1: *Un continent en dehors de l'Histoire?*
- Tome 2: *Les Chemins de l'Union africaine*

Salomé ZOURABICHVILI,
- *Les Cicatrices des nations*
- *L'exigence démocratique*

Achevé d'imprimer en avril 2011
sur les presses du

Groupe Horizon

Parc d'activités de la plaine de Jouques
200, avenue de Coulin
F - 13420 Gémenos

Dépôt légal : mai 2011
N° d'impression : 1104-076

Imprimé en France

ISBN : 978-2-84941-240-4
752 362.3